MÉTODO DELE B2: PRUEBA ORAL

Guía paso a paso para aprobar por tu cuenta

la prueba oral del DELE B2

(Spanish Edition)

Carmen Madrid

carmenmadrid.net

APRUEBA EL DELE B2: PRUEBA ORAL
Colección: DELE
© Carmen Madrid, 2018.
Imagen de portada: Canva.
Diseño de portada: © Carmen Madrid.
Fecha de edición: enero 2019
Web carmenmadrid.net
Correo metododele@gmail.com

Todos los enlaces que aparecen en este e-book y los contenidos referidos en dichos enlaces pertenecen a sus correspondientes autores. Todas las imágenes no hechas por mí o capturas de pantalla pertenecen también a sus autores. Todo lo demás me pertenece a mí, la autora de este libro. Queda rigurosamente prohibida la reproducción total o parcial de este libro, ni su tratamiento informático, ni la transmisión de ninguna forma o por cualquier medio, ya sea electrónico, mecánico, por fotocopia, u otros métodos o soportes, sin el permiso previo y por escrito de los titulares del copyright. La infracción de los mencionados derechos puede ser constitutiva de delito contra la propiedad intelectual (arts. 270 y siguientes del Código Penal). Si le gusta el libro y desea compartir este libro con otra persona, por favor, compre una copia adicional para cada persona con la que desee compartir. Gracias por respetar el trabajo del autor.

Libro inscrito en el Registro de la Propiedad Intelectual de Madrid de la calle Santa Catalina, 6.

TABLA DE CONTENIDOS

¿A quién va dirigido este libro? ---------- 10

Regalo para los lectores ---------- 11

¿Cómo te puedo ayudar a aprobar la prueba oral del DELE B2? Un libro diferente. ---------- 12

La autora ---------- 14

I. EN QUÉ CONSISTE EL EXAMEN DELE B2: DESCRIPCIÓN DE LAS PRUEBAS. ---------- 17

¿Qué evalúa el examen DELE B2? ---------- 19

¿Dónde puedes hacer el examen? ¿Puedo hacer el examen en mi país? ---------- 19

II. DESCRIPCIÓN DE LA PRUEBA 4: EXPRESIÓN E INTERACCIÓN ORALES. ---------- 23

III. ¿QUÉ SE CALIFICA? ---------- 25

¿Qué es la coherencia? ---------- 27

Fluidez ---------- 27

Corrección ---------- 27

¿Qué es el alcance? ---------- 28

¿Qué es la escala holística? ---------- 28

IV. PREPARACIÓN DE LA PRUEBA ORAL ---------- 29

1. Cómo preparar la tarea 1 (paso 2) ---------- 34

    1.1. Primera parte T1: monólogo ---------- 34

    1.2. Segunda parte T1: conversación ---------- 44

2. Cómo preparar la tarea 2 ---------- 48

    2.1. Primera parte T2: fotografía, descripción de la situación ---- 51

    2.2. Segunda parte T2: conversación sobre la fotografía ---------- 60

3. Cómo preparar la tarea 3 ---------- 62

    3.1. Primera parte de la tarea 3 ---------- 62

    3.2. Segunda parte de la tarea 3 ---------- 64

V. ESPERA Y RECEPCIÓN DEL CANDIDATO ---------- 69

VI. EL EXAMEN ---------- 73

6.1. La tarea 1 ---------- 73

    6.2. La tarea 2 — 76

    6.3. La tarea 3 — 77

VII. ¿QUÉ GRAMÁTICA TENGO QUE REPASAR? — 79

    Tarea 1 — 79

    Tarea 2 — 80

    Tarea 3 — 81

VIII. EL DELECALENDARIO DE PASOS — 83

    Paso 1. Lee este libro — 84

    Paso 2. El monólogo de la tarea 1 — 84

    Paso 3. Comprueba la grabación — 85

    Paso 4. Ejercicio 1 — 87

    Paso 5. Continuamos con el monólogo — 89

    Paso 6. Controla el tiempo del monólogo — 89

    Paso 7. Practica el monólogo — 90

    Paso 8. Conversación de la tarea 1 — 91

    Paso 9. Tarea 1 completa — 92

    Paso 10. Practica la tarea 1 — 92

    Paso 11. La situación de la fotografía (tarea 2) — 93

    Paso 12. Comprueba tu actuación o la grabación de la tarea — 94

    Paso 13. Ejercicio 2 — 96

    Paso 14. Controla el tiempo de la fotografía — 97

    Paso 15. Practica el monólogo de la fotografía — 98

    Paso16. La Conversación de la tarea 2 — 100

    Paso 17. Tarea 2 completa — 100

    Paso 18. Tareas 1 y 2 juntas — 100

    Paso 19. Encuesta — 101

    Paso 20. Ejercicio 3 — 102

    Paso 21. Prueba oral completa — 104

    Paso 22. Comprobación final — 104

EJEMPLO DE CALENDARIO — 107

IX. EXAMEN MODELO — 109

    Empieza la prueba -- 110
X. PRACTICA CON OTROS EXÁMENES-------------------------- 117
    Modelo 1 -- 117
        Tarea 1 -- 117
        Tarea 2 -- 120
        Tarea 3 -- 121
    Modelo 2 -- 124
        Tarea 1 -- 124
        Tarea 2 -- 126
        Tarea 3 -- 127
XI. DESPUÉS DEL EXAMEN -- 129
XII. CONSEJOS FINALES -- 133
NOTA DE LA AUTORA -- 134
PREGUNTAS DE CONTROL -------------------------------------- 135
OTROS LIBROS -- 139
LISTA DE IMÁGENES --- 140
BIBLIOGRAFÍA Y REFERENCIAS ------------------------------- 141

Dedicatoria

A todos los estudiantes con los que he preparado el DELE B2 y a los futuros estudiantes que me ayudarán a seguir mejorando como profesora y preparadora. Sin ellos esto no tendría sentido. Gracias a todos.

¿A quién va dirigido este libro?

¿Te gustaría obtener un diploma oficial con reconocimiento internacional que reconozca tu nivel de español? ¿Quieres prepararte tú mismo para este examen, ser tu propio mentor? ¿La prueba oral te parece especialmente difícil? ¿Eres profesor de español y quieres apoyarte en un método probado en clase para preparar a tus alumnos para este diploma?

Si has contestado que sí a la mayoría de estas preguntas y prefieres un manual en español, con un lenguaje sencillo que puedas comprender, este libro es para ti. Te ayudará a prepararte tú mismo, sin necesitar un profesor. Pongo a tu disposición mis conocimientos, consejos y experiencia como profesora de español desde 1994, como examinadora y preparadora del DELE. Espero que te sirvan para que la prueba oral sea todo un éxito y obtengas la calificación de APTO en el DELE B2.

Ten en cuenta que este libro no va dirigido a mejorar tu nivel de español, sino a preparar la prueba oral y dotarte de estrategias para aprobar el examen, si ya tienes el nivel B2.

Cuando te enfrentas a este tipo de exámenes, no solo se trata de tener el nivel requerido, sino de conocer su mecánica y familiarizarse con las diferentes pruebas de manera que no tengas que pensar qué te están preguntando, lo habrás practicado tanto que será algo automático y te sentirás más seguro.

Este libro, además puede resultar muy útil para los profesores que por primera vez se enfrentan al reto de preparar a estudiantes para el DELE.

Si el libro te resulta útil y te ayuda, te pido que escribas un comentario positivo en Amazon y en las redes sociales para que otras personas lo descubran y para que yo pueda continuar publicando otros libros sobre las otras pruebas del DELE B2 y los niveles B1, C1 y C2.

Estoy encantada de que hayas decidido comprar este manual. Espero de verdad que este método contribuya a que obtengas el diploma DELE B2.

Muchas gracias.

Regalo para los lectores

Si te interesa la prueba oral, seguro que te interesa también la prueba escrita. **Aquí tienes una prueba escrita para practicar**, igual que las oficiales del Instituto Cervantes. Encontrarás:

- **ejercicios** y **esquemas** que te guiarán para redactar la prueba.
- el **examen redactado**, tanto la **carta** (en este caso una carta al director de un periódico) como el **artículo** (la opción 1). Las dos tareas siguiendo los ejercicios anteriores como guía.
- y por último tienes el DELE-CALENDARIO de la Prueba Oral y el DELE-CALENDARIO de la prueba escrita.

Espero que te ayude.

Accede al examen en: https://carmenmadrid.net/suscribete-consigue-un-ebook/

Y, además, si quieres tener clases conmigo:

¿Cómo te puedo ayudar a aprobar la prueba oral del DELE B2? Un libro diferente.

Este libro te ayudará a saber en qué consiste la prueba oral del examen DELE B2 y aprobarla. Podrás conocer cómo son las tres tareas que tienes que realizar, qué se valora o califica, qué tienes que hacer desde ahora hasta el día de la prueba oral, cuál es el papel de los examinadores y por qué actúan de una determinada manera. Cuando termines el libro, sabrás cómo estructurar la prueba con unas frases que habrás elaborado con antelación. Conocer todo esto y practicar, te ayudará a estar más tranquilo y a evidenciar que tienes el nivel. A medida que practiques, será más fácil y lo harás de manera mecánica en el examen.

Aprenderás qué gramática y vocabulario repasar para cada tarea, cómo elegir el tema, qué hacer en los 20 minutos de preparación sin perder tiempo. En este manual vas a encontrar una guía para preparar la PRUEBA ORAL del DELE B2 con el CALENDARIO paso a paso, ejercicios, esquemas, expresiones útiles. Tendrás una prueba oral hecha por escrito, exámenes orales para practicar, estrategias y consejos.

Gracias a mi experiencia preparando a candidatos para esta prueba, he visto los problemas que solían tener. He probado, a lo largo de más de 20 años de profesora, diferentes formas de solucionarlos y he creado un método con el objetivo de que apruebes con un poco de trabajo.

¿Por qué este libro es diferente? Cómo saben muy bien los profesores, la mayoría de los libros que preparan el DELE agrupan 6 o 7 exámenes parecidos al oficial sin ningún tipo de explicación. En este manual te explico cómo empezar y cómo prepararlo paso a paso para obtener la calificación de APTO.

Este libro, también puede ser un complemento a este tipo de libros, u otros métodos de enseñanza de español que añaden algunos exámenes, pero no explican cómo preparar las pruebas.

Necesitamos saber en qué consisten las pruebas, qué pide el Instituto Cervantes para ser calificado APTO, exámenes parecidos al oficial para practicar, un método para prepararlos y estrategias y trucos para conseguir nuestro objetivo, aprobar el DELE B2. Esto es lo que encontrarás aquí.

La autora

Empecé a recopilar una serie de material (esquemas, consejos, etc.) para mis clases de manera ordenada porque tuve que preparar a dos estudiantes para el DELE B2 al mismo tiempo: un estudiante americano de manera presencial en la escuela donde trabajo y una estudiante japonesa por Skype. Además, al mismo tiempo estaba preparando a otros estudiantes para los niveles C1 y C2. Pensé que sería una buena idea seleccionarlos y reunirlos para organizarme y para ayudar a futuros estudiantes.

He vivido en Madrid desde que nací en 1969. Esto lo explico para que sepas cuál es mi variedad lingüística.

Estudié Filología Hispánica en la Universidad Complutense de Madrid (1988–1995), cursé en la misma universidad lo que ahora llamaríamos un máster para ser profesora (el CAP), lo que me habilitó para enseñar español para extranjeros, profesión que sigo ejerciendo hasta la actualidad, y también para ser profesora de Lengua, Literatura e Historia a chicos de Secundaria.

Obtuve la acreditación del Instituto Cervantes para ser examinadora del DELE C1 y C2 en 2013 y para el nivel B1 y B2, en 2014.

He sido examinadora del DELE en varias ocasiones en los niveles B1, B2, C1 y C2 y he preparado a muchísimos estudiantes para todos los niveles del DELE en muchas escuelas donde he trabajado, por ejemplo, en Elemadrid trabajé diez años, en OISE realicé tareas de jefa de estudios y profesora de español durante dos años y medio. En el colegio Holy Mary enseñé a niños de year 7 a year 9 durante dos años. También he enseñado español en el curso de verano de la Universidad Alfonso X El Sabio y soy coautora de un libro para estudiantes de español de Brasil titulado Acentos del español de la Editorial Edelvives publicado en 2014. Actualmente estoy trabajando en la escuela Tilde de Madrid, impartiendo clases presenciales de español de todos los niveles y también preparando a estudiantes para los diferentes niveles de DELE. Además, estoy preparando mi web carmenmadrid.net. y escribiendo otros libros.

Este libro recoge toda mi experiencia como profesora y examinadora, y te ofrece todo lo que compruebo en las clases que funciona para ayudar a estudiantes como tú con la prueba oral del DELE B2. Espero que lo disfrutes, te ayude y sobre todo que apruebes.

APRUEBA EL DELE B2.
PRUEBA ORAL

I. EN QUÉ CONSISTE EL EXAMEN DELE B2: DESCRIPCIÓN DE LAS PRUEBAS.

El examen DELE B2 consta de **4 pruebas**:

> 1. Comprensión de **lectura**.
> 2. Expresión e interacción **escritas**.
> 3. Comprensión **auditiva**.
> 4. Expresión e interacción **orales**.

Las **tres primeras** pruebas (comprensión de lectura, expresión e interacción escritas y comprensión auditiva) se hacen **juntas** el mismo día, la fecha oficial del examen.

La prueba de expresión e interacción orales puede ser **el mismo día por la tarde u otro día** (el día anterior o posterior a la fecha oficial del examen), te enviarán un **e-mail** antes de quince días del examen donde aparecerá el lugar, el día y la hora de la prueba oral. **Si no lo recibes 10 o 15 días antes del examen escrito, escribe o llama por teléfono al centro de examen (la escuela donde te vas a examinar).**

1. **Comprensión de lectura**: tiene 4 tareas, dura 70 minutos y puedes obtener un máximo de 25 puntos.
2. **Comprensión auditiva**: tiene 5 tareas, dura 40 minutos y puedes obtener un máximo de 25 puntos.
3. **Expresión e interacción escritas**: tiene 2 tareas, dura 80 minutos y puedes obtener un máximo de 25 puntos.
4. **Expresión e interacción orales**: tiene 3 tareas, dura 20 minutos más otros 20 minutos de preparación y puedes obtener un máximo de 25 puntos.

Como en todas las pruebas, en la prueba oral la puntuación máxima es de 25 puntos, el total es de 100 puntos.

Pruebas	Tareas	Duración	Puntos máx.
Lectura	4	70 min.	25
Auditiva	5	40 min.	25
Escrita	2	80 min.	25
Oral	3	20 min. +20 de preparación	25
			100

La **calificación final** puede ser APTO o NO APTO. Para tener la calificación de APTO tienes que conseguir **entre 60 y 100** puntos en total, o sea **30 puntos como mínimo en cada grupo**.

Grupo 1: la prueba de comprensión de **lectura** y la de expresión e interacción **escritas** se puntúan juntas. La puntuación máxima de las dos pruebas es 50 puntos y la mínima para resultar APTO es 30 puntos. Para ser APTO debes conseguir **entre 30-50 puntos**.

Grupo 2: con las otras dos pruebas ocurre lo mismo, la prueba de comprensión **auditiva** y la de expresión e interacción **orales** se puntúan juntas. La puntuación máxima será 50 puntos y la mínima para ser APTO será de 30 puntos. Para ser **APTO, 30-50**.

En este cuadro puedes verlo (foto 1):

La estructura general de pruebas de los exámenes DELE generales A1 - B2 es la siguiente:

Pruebas de examen DELE A1-B2	Puntuación máxima de la prueba sobre los 100 puntos del examen DELE	Puntuación mínima para resultar APTO
Comprensión de lectura	25 puntos	30 puntos
Expresión e interacción escritas	25 puntos	
Comprensión auditiva	25 puntos	30 puntos
Expresión e interacción orales	25 puntos	

Si no eres muy bueno en la prueba de comprensión **auditiva**, podrás compensarlo con la expresión e interacción **orales** o viceversa.

Si no eres muy bueno en la prueba de comprensión **de lectura**, podrás compensarlo con la expresión e interacción **escrita** o viceversa.

¿Qué evalúa el examen DELE B2?

Según la página del Instituto Cervantes, el Diploma de español nivel B2 acredita la capacidad del usuario de la lengua para:

—comprender lo esencial de textos orales y escritos **complejos**, incluso aunque traten sobre temas **abstractos**, se presenten en **diversas variedades del español** o tengan un carácter técnico, principalmente si tratan sobre áreas de conocimiento especializado a las que se ha tenido acceso;

—interactuar con todo tipo de hablantes con un grado suficiente de **fluidez** y **naturalidad**, de modo que la comunicación **no suponga esfuerzos** por parte de ningún interlocutor; y

—producir textos **claros y detallados** sobre **asuntos diversos**, incluidos los que suponen análisis dialéctico, debate o **defensa de un punto de vista.**

¿Dónde puedes hacer el examen? ¿Puedo hacer el examen en mi país?

Los exámenes para del DELE se realizan en los centros del Instituto Cervantes y en la amplia red de centros de examen DELE. Hay más de **1.000 centros de examen en más de 100 países**. Pero, **algunos** centros **no ofrecen** algunos exámenes y tampoco todas las convocatorias.

Para saber **qué centros ofrecen los exámenes en los que estás interesado,** y en qué **convocatoria** participar (fecha), accede al buscador de centros de examen del Instituto Cervantes: https://examenes.cervantes.es/es/dele/donde

CRONOGRAMA DE LAS PRUEBAS ESCRITAS DEL DELE B2 EN MADRID

08.50 h – 08.55 h **Reparto de la *Hoja de respuesta 1*.** En Madrid, por ejemplo, antes de empezar el examen, se rellenan los sobres donde recibirás el diploma. Tienes que escribir la dirección de correo donde quieres recibirlo.

08.55 h – 09.00 h Reparto de cuadernillo y comienzo del examen

09.00 h – 10.10 h **Prueba 1. Comprensión de lectura** (70 MINUTOS)

10.10 h – 10.50 h **Prueba 2. Comprensión auditiva** (40 MINUTOS)

10.50 h Recogida de la Hoja de respuesta 1

10.50 h – 11.20 h **PAUSA**

11.20 h – Reparto de la *Hoja de respuesta 2*

11.20 h – 12.40 h **Prueba 3. Expresión e interacción** escritas (80 MINUTOS)

12.40 h Recogida de la *Hoja de respuesta 2*

PRUEBA ORAL: 20 minutos + 20 minutos de preparación

Estos **enlaces** a la página oficial de los exámenes DELE del Instituto Cervantes pueden ayudarte (arriba a la derecha, podrás cambiar el idioma si haces clic en ES):

—**Cómo inscribirse:**

https://examenes.cervantes.es/es/dele/inscribirse

—**Dónde inscribirse:**
https://examenes.cervantes.es/es/dele/donde

—**Cuándo es el examen y cuándo inscribirse:**
https://examenes.cervantes.es/es/dele/cuando

—**Precio:** https://examenes.cervantes.es/es/dele/cuanto

—**Puntuación:** https://examenes.cervantes.es/es/dele/como

Método DELE B2: Prueba Oral

—**Preguntas frecuentes:** https://examenes.cervantes.es/es/dele/preguntas-frecuentes

—**Especificaciones DELE B2:** https://examenes.cervantes.es/sites/default/files/DELE-B2_Especificaciones-2018.pdf

—**Guía de examen DELE B2:**

https://examenes.cervantes.es/sites/default/files/guia_examen_dele_b2_0.pdf

—**Modelo de examen DELE B2:**

https://examenes.cervantes.es/sites/default/files/dele_b2_modelo0.pdf

—**Hojas de respuestas:** https://examenes.cervantes.es/sites/default/files/DELE-B2_Modelo-Hoja-de-respuestas.pdf

Carmen Madrid

II. DESCRIPCIÓN DE LA PRUEBA 4: EXPRESIÓN E INTERACCIÓN ORALES.

La prueba oral consta de una **preparación** y **3 tareas**:

PREPARACIÓN DE LAS TAREAS 1 Y 2: 20 minutos. Cuando llegamos al centro examinador, lo primero que tenemos que hacer es **elegir los temas** de las **dos** primeras tareas. Después, el personal de apoyo te acompañará a una sala con las láminas que hayas elegido y papel. Durante el examen podemos tener un **esquema simple** que debemos preparar en estos 20 minutos. Puedes tomar notas que podrás consultar, **no leer** durante el examen.

En el *capítulo IV* trataremos en profundidad qué hacer en la preparación.

TAREA 1 (Total: 5-6 minutos): tendrás que elegir entre dos láminas antes de la preparación. En las láminas aparecerán el título del tema, una pequeña explicación y una serie de opiniones o propuestas para solucionar un problema. Tú tendrás que **valorar estas opiniones** a manera de **monólogo** (3-4 minutos) comentando ventajas y desventajas; dirás con cuáles estás de acuerdo y con cuáles no. Después, tendrás que **conversar** sobre ellas **con uno de los examinadores** hasta que termine el tiempo de la tarea.

- Monólogo (3-4 minutos): valorar propuestas.
- Conversar con un examinador sobre estas propuestas.

TAREA 2 (Total: 4-5 minutos): para esta tarea también tendrás que elegir entre dos láminas antes de la preparación. En la lámina aparecerá un título, una fotografía y unas preguntas o pautas. Tendrás que **describir la situación** que aparece en la fotografía a manera de **monólogo** siguiendo las indicaciones. Luego, **conversarás con uno de los examinadores** sobre tus experiencias u opiniones respecto al mismo tema.

- Monólogo (4-5 minutos): describir la situación de una fotografía.
- Conversar con un examinador sobre tus experiencias relacionadas con la fotografía.

TAREA 3 (3- 4 minutos): esta tarea **no se prepara** previamente. Tendrás que elegir entre dos láminas, pero en el momento del examen. En las láminas encontrarás una encuesta con los resultados, una noticia o un gráfico con porcentajes. Tendrás un minuto para leer la lámina y conservarás la lámina durante el examen. Deberás **conversar con el entrevistador** sobre los datos que aparezcan en la encuesta, gráfico o noticia. Es una breve conversación informal. Tendrás que **comparar tus respuestas** con las de la encuesta (semejanzas y diferencias) y **tu opinión** sobre el tema y los datos.

- Conversar con un examinador sobre una encuesta o gráfico: qué contestarías tú a esta encuesta, comparar tus respuestas con los resultados y decir tu opinión.

En la página del Instituto Cervantes puedes encontrar todos los **modelos de examen DELE,** también el del DELE B2, aquí tienes los enlaces para ver el modelo de examen y el modelo de examen interactivo del nivel B2:

https://examenes.cervantes.es/sites/default/files/dele_b2_modelo0.pdf

Modelo interactivo DELE B2

III. ¿QUÉ SE CALIFICA?

El día de la prueba oral, en el aula donde harás el examen comprobarás que hay **2 examinadores**:

En el dibujo puedes ver a los dos examinadores: el **entrevistador** número 1 y el **calificador** número 3; el **candidato**, o sea tú, número 2 (foto 2):

El entrevistador (1): será la persona que mantendrá una **conversación contigo**, estará enfrente de ti, te hará preguntas y hablará contigo en todo momento, podríamos llamarle el entrevistador (número 1 en el dibujo). Este examinador **no tomará notas** en ningún momento. El entrevistador se ocupa de la **calificación HOLÍSTICA**, la nota al conjunto de tu examen.

El calificador (3): el otro examinador (número 3 en el dibujo) estará situado **detrás de ti** de manera que no puedas verlo, tendrá una **hoja de calificaciones** donde **pondrá las notas de la parte analítica**: la coherencia, la fluidez, la corrección y el alcance de cada una de las 3 tareas.

La **hoja de calificación** es similar a esta (foto 3):

```
┌─────────────────────────────────────────────────────────────┐
│                    CALIFICACIÓN                              │
└─────────────────────────────────────────────────────────────┘

HOLÍSTICA (entrevistador)    (T1-T2-T3)      0   1   2   3

ANOTACIONES



ANALÍTICA (calificador)   (T1)   Coherencia   0   1   2   3
                                 Fluidez      0   1   2   3
                                 Corrección   0   1   2   3
                                 Alcance      0   1   2   3

ANALÍTICA (calificador)   (T2)   Coherencia   0   1   2   3
```

Las notas que aparecen en la hoja de calificaciones son: 0, 1, 2 y 3. Las calificaciones **0 o 1, corresponde a NO APTO** y si obtienes una calificación de **2 o 3 serás APTO**. La calificación 2 corresponde exactamente al B2.

Se hará una **media** (sumar las notas y dividir por el número de pruebas) entre todas las notas.

Para tener 25 puntos en la prueba oral, que es la máxima puntuación, tendremos que dominar la coherencia, la fluidez, la corrección, el alcance y la escala holística y, si tenemos dificultades con alguno de estos aspectos, mejorarlos y trabajarlos.

Esto es lo que el Instituto Cervantes nos indica sobre estos puntos:

¿Qué es la coherencia?

Es la conexión, la unión, la relación lógica entre los componentes de un texto.

¿Qué se califica como correcto? En el nivel 2 (el mínimo para aprobar) es necesario producir un **discurso claro** y coherente. Hay que utilizar correctamente las expresiones que organizan el texto, los **conectores** (por una parte, por otra, además, por eso, por lo tanto, aunque, etc.) y los **pronombres**. El discurso tiene que estar **estructurado**: introducción, desarrollo y conclusión. El Instituto Cervantes dice que si la intervención se alarga mucho tiempo puede mostrar una pérdida de control sobre el discurso.

En la entrevista es necesario mantener la conversación de forma adecuada, **colaborando** con el interlocutor, es decir, tienes que tener una conversación natural, reaccionando a las preguntas o las opiniones del entrevistador de manera adecuada.

Fluidez

Para alcanzar el nivel 2 (como hemos dicho, el mínimo para aprobar) el **ritmo** del discurso ha de ser bastante uniforme, y aunque puedes **dudar mientras buscas la palabra**, expresión o frase adecuada, no puedes tener muchas pausas largas.

El examinador tiene que entender perfectamente tu **pronunciación**, pero puedes tener acento extranjero y cometer errores esporádicos en relación a tu pronunciación.

Corrección

Se refiere básicamente a la **gramática** y al dominio gramatical, que tiene que ser relativamente alto. Puedes cometer **errores que no causen la incomprensión** del interlocutor y en ocasiones puedes **autocorregir** estos errores. Corregirte después de un error está bien considerado, no te preocupes. De vez en cuando, los hablantes de español también tenemos que estructurar otra vez la frase, si cambiamos de idea o cometemos errores y nos corregimos inmediatamente.

¿Qué es el alcance?

En el nivel 2 se pide un **vocabulario** bastante amplio. Tienes que ser capaz de hacer descripciones claras y expresar puntos de vista sobre asuntos generales sin tardar demasiado tiempo en encontrar las palabras y usando **oraciones complejas** para conseguirlo.

En el nivel 2 se puede cometer **alguna imprecisión** o equivocación al seleccionar las palabras.

¿Qué es la escala holística?

Básicamente es **la impresión general** de toda la prueba. Esta impresión general es calificada por el examinador que hemos llamado el entrevistador (número 1 en el dibujo), el que habla contigo.

El entrevistador va a prestar atención a que te expreses con claridad, tiene que comprender todo lo que dices en general. Es fundamental que **no haya problemas de comunicación** o incomprensión entre los dos.

También es importante cumplir con el **objetivo de cada tarea**, que comprendas bien las instrucciones y hagas lo que te piden. Tienes que demostrar un control gramatical y léxico relativamente alto, aunque puedes cometer algún error, pocos, y alguna imprecisión.

Es importante mantener la conversación de forma adecuada, con la seguridad de que existe comprensión por tu parte y colaborando con tu interlocutor. Normalmente las personas que se examinan no tienen muchos problemas en la parte de entrevista de las tareas 1 y 2, es mejor relajarse y contestar de manera natural, como harías en otra circunstancia, claro que esto es muy fácil de decir.

IV. PREPARACIÓN DE LA PRUEBA ORAL

Como ya hemos mencionado varias veces, **antes del examen se preparan las tareas 1 y 2**. La preparación es **fundamental** para hacer una buena prueba. La preparación se realiza en la biblioteca del centro examinador o en alguna sala destinada a esta preparación. Es posible que coincidan otros candidatos de tu mismo nivel o de otro en esta sala.

Tienes **20 minutos** para tomar notas o **elaborar un esquema** que puedes conservar durante toda la prueba oral. Las láminas tendrás que devolvérselas al personal de apoyo que te las ha entregado cuando terminen los 20 minutos de preparación.

Lo primero que vas a tener que hacer es **elegir una lámina** para la tarea 1 y otra para la tarea 2.

TAREA 1

Para la tarea 1, la persona que está allí te va a mostrar dos láminas con un tema de discusión, tendrás que elegir una. **Para la tarea 2**, te mostrará dos láminas con una fotografía, tendrás que elegir una.

¿Qué temas pueden aparecer? Habitualmente son asuntos bastante generales de los que todos tenemos alguna opinión. Temas sociales, por ejemplo: personas o relaciones personales, la salud en general, alimentación de los niños, medioambiente, arte, ocio o tiempo libre, viajes, geografía, naturaleza, medios de comunicación, tecnología, educación, estudios, trabajo, economía general, vivienda, compras, comercio, educación y temas relacionados.

Tarea 1. ¿Cómo elegir la lámina? Elegir bien el tema de la tarea 1 es una labor importante. No elijas el tema sin pensar, elige el tema del que tengas **más cosas que decir**, con el que te sientas más cómodo y seguro. Si has hablado de ese asunto con amigos o familiares recientemente o es una idea controvertida, ese es el tema que debes elegir.

También es importante **tener el vocabulario** necesario para ese tema, ya que el entrevistador te hará preguntas relacionadas con él y no sabes qué puede preguntar.

EJERCICIO: Ordena los siguientes temas, teniendo en cuenta lo que hemos comentado y empezando por el que te sientes más cómodo:

Nº	TEMAS
	—sociales,
	—personas o relaciones personales,
	—la salud en general,
	—alimentación de los niños,
	—medioambiente,
	—arte,
	—ocio o tiempo libre,
	—viajes, geografía,
	—naturaleza,
	—medios de comunicación,
	—tecnología,
	—educación,
	—estudios,
	—trabajo,
	—economía general,
	—vivienda,
	—compras,
	—comercio.

En lugar de elegir la lámina, una buena estrategia puede ser **eliminar el tema menos atractivo** o apropiado. Quizá para ti es más fácil darte cuenta del asunto del que no tienes nada que decir, el tema que no controlas, porque es demasiado técnico o científico para ti o por otras razones.

Durante los veinte minutos de preparación, realiza un buen esquema, pero lo más **simple** posible. Cuanto más simple sea el esquema, más rápido encontrarás la palabra que estás buscando. Recuerda que durante el examen puedes consultar el papel, pero no leer.

TAREA 2

Tarea 2. ¿Cómo elegir la fotografía? De manera similar a lo que hemos hecho para la tarea 1: observa la situación, ¿la comprendes y tienes cosas que decir? Ten en cuenta que tendrás que ser capaz de enumerar varias posibilidades e imaginar **varias hipótesis**.

En esta prueba es importante el **vocabulario** para describir la fotografía porque tienes que usar vocabulario de nivel B2, **lucirte sin meterte en problemas**. Así que piensa en los aspectos que controlas y los que te pueden crear dificultades, ¡no te metas en líos! Ten en cuenta todo esto para elegir la lámina.

Solo se evalúa tu nivel de lengua. **No se evalúan tus conocimientos culturales**, no interesa si lo que dices es verdad o no, ni si has acertado o no en la situación de la fotografía. El examinador calificador no prestará atención al contenido, sino que prestará atención a cómo lo estás diciendo, a la corrección, la fluidez, la coherencia y el alcance.

Una vez elegidas las dos láminas, tendrás que repartirte el tiempo (20 minutos) para trabajar las dos láminas. Puedes hacer un esquema tradicional o un mapa conceptual.

> Cuando ya hayas elaborado varias veces estos esquemas, observa cuánto tiempo necesitas para hacer cada uno de los esquemas.

Te recomiendo que **no mires el esquema** en absoluto durante el examen.

Como examinadora, he presenciado cómo las personas que estaban examinándose se ponían muy nerviosos cuando buscaban una palabra que no podían encontrar. Casi siempre, estas personas tenían redactado un texto, 20 o 30 líneas seguidas donde era difícil encontrar algo sin leerlo todo. Otras personas intentaban leer unas frases que tenían preparadas. El problema es que no se permite leer, es una prueba de expresión oral, no de expresión escrita y lectura posterior.

Recuerda también que en un examen B2 las **pausas demasiado grandes son algo negativo,** se penalizan como un error de fluidez.

Entonces, ¿por qué tengo que hacer un esquema o tomar notas en esos 20 minutos si no puedo leerlo ni mirarlo casi? Pues, para ayudarte a **recordar las propuestas,** recordar el **vocabulario** que quieres usar, **estructurar** toda tu intervención y pensar con antelación todo lo que quieres decir.

En el DELE B2 además de demostrar que no cometes errores, tienes que **demostrar** que tienes **el nivel** de corrección gramatical, vocabulario, fluidez, etcétera de nivel B2.

En resumen:

–En la preparación de la tarea 1 y 2, tienes que elegir bien las láminas, teniendo en cuenta el vocabulario que dominas y los temas de los que puedes hablar con comodidad. Una estrategia puede ser eliminar el tema que no controlas demasiado.

–Ten en cuenta que no se evalúan tus conocimientos culturales, solo tu nivel de lengua.

–Reparte el tiempo para realizar los dos esquemas simples, pero no los mires durante la prueba porque las pausas demasiado largas se consideran error de fluidez.

–Demuestra que tienes el nivel B2 y ¡lúcete! en los tiempos verbales, vocabulario, discurso bien organizado con marcadores del discurso, etcétera.

Es necesario tener el nivel B2 antes de preparar el examen.

En el siguiente apartado, veremos qué puntos gramaticales y qué vocabulario necesitamos repasar para estas pruebas. También analizaremos qué hacer en cada una de las pruebas. Además, en el *capítulo VIII* tendrás un calendario para saber los pasos que hay que seguir para prepararlas. Encontrarás ejemplos, exámenes modelos y otros exámenes orales para practicar.

1. Cómo preparar la tarea 1 (paso 2)

La tarea 1 tiene **2 partes**: un **monólogo** (3-4 minutos) sobre unas propuestas para una situación determinada y después una **conversación** con el entrevistador (2-3 minutos) sobre el mismo tema y las mismas propuestas.

> Lee atentamente el título, la información que aparece en la lámina y las propuestas porque debes ajustarte al tema.

Tienes que elegir entre dos opciones. Ya hemos hablado de cómo elegir la mejor opción.

1.1. Primera parte T1: monólogo

En la lámina hay un tema, una situación problemática, y 5-7 propuestas para solucionar o mejorar esta situación.

> Debes hablar sobre 4 propuestas, como mínimo.

Este es el modelo que da el Instituto Cervantes en su página: https://examenes.cervantes.es/sites/default/files/dele_b2_modelo0.pdf

Este es el modelo de examen interactivo, del Instituto Cervantes (es el mismo pero diferente formato): https://cvc.cervantes.es/ensenanza/dele/b2/

Método DELE B2: Prueba Oral

El esquema de la tarea 1

Para preparar el esquema lo primero que tienes que hacer es **leer** atentamente el **título** y las **propuestas** e identificar y subrayar las **palabras clave** de cada una, como puedes ver en esta imagen del modelo de examen (foto 4):

trevistador sobre el tema de las propuestas.
Para preparar su intervención, al analizar cada propuesta debe plantearse por qué le parece una buena solución y qué inconvenientes tiene, a quién beneficia y a quién perjudica, si puede generar otros problemas; si habría que matizar algo…

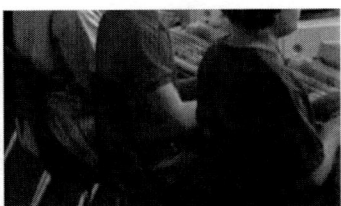

Se deberían impartir algunas asignaturas fundamentales en lengua extranjera. Formaríamos a los profesores en verano para capacitarlos.

Yo obligaría a los alumnos a hablar en lengua extranjera en los recreos.

Yo impartiría más horas de lengua extranjera a la semana.

Yo no cambiaría nada. Es suficiente con una formación básica. Si en el futuro nuestros alumnos tienen que hablar una lengua extranjera, la aprenderán en función de sus necesidades.

Se debería concienciar a los padres: se les podrían ofrecer cursos o actividades en lengua extranjera también a ellos.

Yo utilizaría la lengua extranjera solo para las materias más prácticas, como Educación Física o Plástica. Contrataría a profesores nativos.

© Instituto Cervantes 2014   Examen 00—Versión 2

Elaboración del esquema: divide un papel en **2 columnas**, dejando un espacio **arriba** para poner una **frase de comienzo** y dos espacios **al final** para escribir la **conclusión** y unos **verbos** útiles (después hablaremos de estos verbos). Aquí tienes un dibujo (foto 5, infografía hecha con Picktochart https://piktochart.com/):

Carmen Madrid

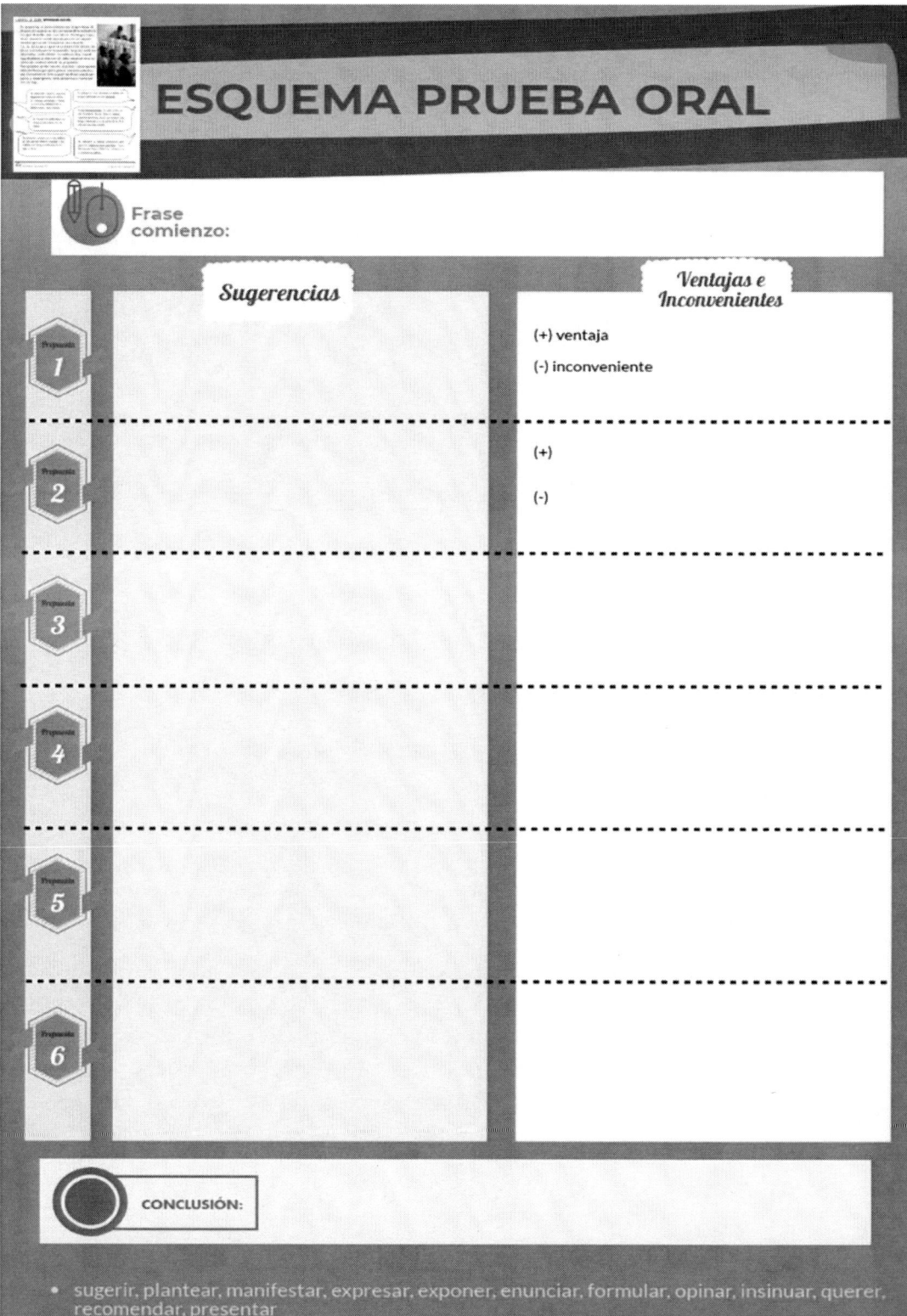

Según mi experiencia, tener una **frase preparada para empezar** un discurso es una buena forma de tener la suficiente confianza para continuar con la exposición sin nervios. También tenemos que crear una buena **conclusión** que deje un "buen sabor de boca". Y en el centro, los contenidos bien organizados. Podríamos decir que es un sándwich:

Frase de inicio

Contenidos organizados (introducción de propuestas, ventajas o desventajas)

Frase de conclusión

En el examen te darán algunos papeles, tendrás que dividir la hoja como en la foto anterior (foto 5).

Una vez leído y **subrayadas** las **palabras clave** y dibujar las líneas en nuestra hoja, vamos a empezar con el pan de arriba, una buena frase de **inicio**. Te voy a proponer algunas. Elige una de ellas o crea una que te guste, más adelante podrás cambiarla.

Frase de inicio

—"He elegido el tema de … porque …".

"He elegido el tema de los idiomas porque para mí siempre ha sido difícil y creo que, si hubiera empezado a estudiar antes, ahora hablaría mucho mejor."

—"El tema del que voy a hablar es … porque …"

"El tema del que voy a hablar es la enseñanza de idiomas porque me parece muy importante para la educación de los niños".

EJERCICIO: Escribe en la parte de arriba del esquema la frase con la que quieres empezar, una con la que te sientas cómodo.

Cuando practiques esta prueba, **puedes empezar siempre con la misma frase,** cambiando el tema naturalmente. Así, te la aprenderás de memoria. Nadie va a saber que siempre usas la misma. Ahora no se trata de practicar o aprender español, sino de sentirte seguro y hacer un buen examen.

> Los examinadores no saben que siempre comienzas igual, así que puedes empezar siempre con la misma frase.

Las propuestas

Ahora vamos con el centro del sándwich, con el contenido. En nuestro esquema, tenemos que **organizar las propuestas** (P1, P2, ...), pondremos a la izquierda la palabra clave (tema) y a la derecha, las ventajas y las desventajas.

Lee la propuesta 1 y escribe en la columna de la izquierda las **palabras clave** de esta propuesta con un (+) para **ventaja** y (-) **desventaja**. En nuestro ejemplo: asignaturas en otro idioma y formar profesores verano. En la columna de la derecha, escribe las ventajas o desventajas brevemente con palabras clave. En nuestro ejemplo: (+) aprender vocabulario, redactar exámenes, (-) profesores descanso, en contra.

Haz una línea de separación y pasa a la propuesta 2. Haz lo mismo que hemos hecho anteriormente con **cada propuesta** o con las palabras más significativas. Tienes que hablar como mínimo de cuatro propuestas.

Piensa si hay alguna propuesta que se pueda unir a otra o que esté relacionada de alguna manera. En el caso de que tengas que ser más breve, puedes unir varias propuestas.

EJERCICIO: después de las propuestas y la conclusión, haz otra línea de separación y escribe en mayúsculas sinónimos del verbo "decir": sugerir, proponer, mencionar, etcétera.

Al final de este esquema, puedes ver muchos sinónimos del verbo "decir" que puedes aprender de memoria por si los necesitas para introducir las propuestas (foto 6, infografía hecha con Picktochart https://piktochart.com/).

Método DELE B2: Prueba Oral

ESQUEMA PRUEBA ORAL

Frase comienzo: "El tema del que voy a hablar es la enseñanza de idiomas porque me parece muy importante para la educación de los niños".

	Propuestas	Ventajas e inconvenientes
Propuesta 1	asignaturas en otro idioma / formar profesores verano	(+) vocabulario, redactar en otro idioma / (-) profesores descanso, en contra
Propuesta 2	más horas de clase	(-) niños muchas hora en el colegio
Propuesta 3	clases para padres	(-) padres no quieren responsabilidades
Propuesta 4	Recreos	(-) es imposible
Propuesta 5	ahora suficiente / futuro: según necesidades	(-) mayores: idiomas más difíciles
Propuesta 6	en materias prácticas profesores nativos	(+) buen acento

CONCLUSIÓN: "En resumen, no me convence totalmente ninguna de estas propuestas, yo creo que lo mejor sería .... ".

sugerir, plantear, manifestar, expresar, exponer, formular, opinar, insinuar, querer, aconsejar, recomendar, presentar, analizar, ...

¿Por qué tener una lista de sinónimos de "decir" o "proponer"? Básicamente para que **no te quedes en blanco** porque son aproximadamente 6 propuestas y puedes necesitar estos verbos para **organizar las propuestas:** "La primera propuesta SUGIERE que los profesores estudien en verano …, "la segunda propuesta ACONSEJA …", "La tercera persona PROPONE …".

Si los has aprendido de memoria, aunque estés nervioso, no tardarás mucho tiempo en recordarlos, y si están escritos al final de tu esquema puedes rápidamente echar un vistazo.

La conclusión

Prepara una frase final, una conclusión. Así tu monólogo estará bien estructurado.

Es posible que el entrevistador empiece con las preguntas antes de que termines, pero es mejor tener una frase preparada. No podemos saberlo.

Igual que la frase del principio, tiene que ser una frase con la que te sientas cómodo. Cuando practiques esta prueba, te darás cuenta de la frase con la que quieres concluir.

Aquí tienes ejemplos para la conclusión, pero depende de las propuestas y de tu opinión:

Si no me gustan las propuestas:

"En resumen, no me convence totalmente ninguna de las propuestas, yo creo que lo mejor sería …".

"Para terminar, quiero decir que estas soluciones no parecen muy realistas y efectivas. En mi opinión se trata más de un problema de …"

Me gustan todas las propuestas:

"En resumen, todas las propuestas son interesantes y se podrían aplicar en algún momento, especialmente estoy de acuerdo con las dos primeras porque …".

En general:

"En definitiva, se trata de un problema complicado, yo creo que la solución pasa por …"

"En conclusión, la solución del problema creo que es …"

Aquí tienes un esquema con expresiones que te pueden ayudar para el monólogo de la tarea 1 (foto 7, infografía hecha con Picktochart https://piktochart.com/):

T1. MONÓLOGO

Para empezar, voy a hablar de ... + sustantivo
He elegido el tema de ... + sustantivo
El tema del que voy a hablar es... + sustantivo
He elegido el tema de ... + sustantivo

... porque + verbo conjugado

Introducir Propuestas

- A la propuesta de ... + infinitivo

La primera
La segunda
La tercera   propuesta | sugiere que ...
La cuarta   persona
La quinta
La sexta
Otra

- En cuanto a + sustantivo /infinitivo /que verbo

- Acerca de .... + sustantivo /infinitivo /que verbo

- A mi parecer, la tercera propuesta es...
- La última propuesta, me parece ...

Opinión

.... le veo una ventaja / le veo el inconveniente de ...

... esto según mi opinión, es conveniente para ...

... esto, para mí, es un inconveniente

... según mi punto de vista ...

No me parece bien + que + subjuntivo

(No) estoy de acuerdo con + sustantivo /+ que + subjuntivo

Creo que + indicativo
No creo que + subjuntivo

Valoración

... porque ...
... para que + subjuntivo

... (no) es   importante
... (no) me parece justo   + subjuntivo
                   necesario
                   bueno /mejor
                   ...

Sería mejor   +que+ Imperf. Subjuntivo
               + Infinitivo

Contraste
Aunque
En cambio,
Por el contrario,
Por otro lado,

Explicar
Es decir,
O sea,

Hipótesis
Es posible
Quizá(s)

Añadir
Además,
Por otro lado,
También,

En resumen, no me convence totalmente ninguna de estas propuestas, yo creo que lo mejor sería ....

En conclusión, la solución al problema, creo que es ....

En definitiva, todas las propuestas son interesantes y se podrían aplicar en algún momento.

> Mi consejo es: haz el esquema, pero proponte no usarlo en el examen. Así, solo lo consultarás en caso de emergencia.

¿Por qué no debes mirar el esquema o las notas? Porque tienes que hablar lo más **natural** posible y con **fluidez**, no puedes estar pendiente del papel.

Cuando termines de hacer los esquemas, en los 20 minutos de preparación, hasta que llegue tu turno intenta recordar las propuestas y lo que vas a opinar tú.

Lo mejor es que **practiques el monólogo con alguien**, por ejemplo, un compañero que esté preparando el DELE también, u otro estudiante de español o una planta, pero algo que esté delante de ti, lo importante es hablar en voz alta. Más adelante o desde el principio, puedes **grabar el monólogo** para comprobar tú mismo la fluidez, si haces muchas pausas o dices "eh" continuamente, tendrás que mejorar este punto.

En resumen:

–**Estructura bien el discurso: frase de inicio, contenido (propuestas, ventajas y desventajas) y conclusión.**

–**Tienes que hablar de cuatro propuestas como mínimo.**

–**Utiliza el esquema que hemos visto para prepararlo, no olvides la lista de sinónimos de "proponer".**

–**Apréndetelo de memoria y no lo uses en el examen.**

1.2. Segunda parte T1: conversación

El **entrevistador** tiene una lámina muy similar a la que has tenido tú, pero con una **lista de preguntas** sobre el tema, puede elegir entre las que aparecen en esta lista o puede ser que decida hacer una pregunta **relacionada con lo que el candidato está opinando** en ese momento o con algún tema de **actualidad**.

En cualquier caso, las preguntas más comunes suelen ser sobre las propuestas que has leído, relacionando el tema de las propuestas y **tu país** y sobre ti o tu opinión del asunto.

En la *guía del examen del Instituto Cervantes* aparecen las siguientes preguntas (se formulan con "usted"):

Ejemplos de preguntas
De las propuestas dadas, ¿cuál le parece la **mejor**?

¿Cree que en su **país** hay un problema con el aprendizaje de segundas lenguas? ¿Cómo y cuándo suelen aprenderse?

¿Cree que el aprendizaje de segundas lenguas desde pequeños es **importante**? ¿Por qué?

Otras preguntas que los examinadores suelen hacer:
¿Qué propuesta te parece la **mejor**? o ¿cuál te parece la **peor**?

Cualquier cosa sobre tu país: ¿A qué edad se empieza a estudiar un idioma en tu país?

¿Tienes alguna **opinión diferente** a las que aparecen en la lámina? ¿Qué harías tú?

Normalmente si tienes el nivel B2 no tendrás problemas en cuanto a reaccionar después de una pregunta como lo haría un español. No obstante, aquí puedes ver algunas expresiones típicas **para empezar a hablar** después de una pregunta:

Bueno, pues, ...
Sí, claro, pero ...
Tienes razón, sin embargo, ...
También depende de ...

Aquí tienes unos ejemplos que te pueden valer **para reaccionar** en la **conversación de la tarea 1** y también para la **conversación de la tarea 2 y 3** (foto 8, infografía hecha con Picktochart https://piktochart.com/):

CONVERSACIÓN
tarea 1 y tarea 2

EXAMINADOR

1 De las propuestas dadas, ¿cuál le parece la mejor?

2 ¿Y en tu país?

CANDIDATO/A

1 Pues, en mi opinión la mejor propuesta es ...

Para mí,

Desde mi punto de vista, ...

Bueno, en realidad, ninguna me gusta mucho, quizá, con la que estoy más de acuerdo sea la que habla de ....

2 En mi país ocurre algo totalmente diferente. De hecho, ...

En mi país, ocurre algo muy parecido /pasa lo mismo...

Opinión del examinador
Claro, pero esto es muy bueno ...

De acuerdo

Sí, claro, estoy de acuerdo contigo /con lo que dices.

Tienes razón ...

A mí también me parece que ...

Sí, claro, es verdad.

Además ... / Pero ...

En contra

En realidad, no estoy de acuerdo contigo porque ...

Yo creo que no, porque ...

Sí, claro pero, lo que no entiendo es que ...

Ya, pero no es que + subjuntivo, sino que + indicativo

En duda ???

Bueno, depende.

Depende de ....

Quizá sí, pero ...

Además ... / Pero ...

EJERCICIO: cada vez que prepares la tarea 1 escribe unas cuantas preguntas que creas que pueda hacer el entrevistador del examen y contéstalas

Una **estrategia** para que te hagan menos preguntas, puede ser **hablar mucho en las primeras preguntas**. Pero, es mejor que la conversación fluya de manera natural.

En resumen:

–El entrevistador va a hacerte algunas preguntas. Se trata de que contestes de manera natural.

–Recuerda que el calificador solo se va a fijar en la lengua, no en tus opiniones.

–Es posible que, si van mal de tiempo, empiece la conversación antes de que puedas concluir el monólogo, no te preocupes.

2. Cómo preparar la tarea 2

La tarea 2 tiene **2 partes**: **describir la situación** de una fotografía imaginando lo que está ocurriendo (aproximadamente 2-3 minutos) y después una **conversación** con el entrevistador (2-3 minutos) sobre el mismo tema de la imagen. En total unos 5 minutos. Siempre tiempos aproximados.

No hay una respuesta correcta, se evalúa la lengua.

Como hemos comentado, antes de entrar a la sala donde preparas la prueba tendrás que elegir, además de una lámina con las propuestas para la tarea 1, una de las dos opciones de fotografía para la tarea 2. Ya hemos hablado de cómo elegir la fotografía.

Como en la tarea anterior, será conveniente **preparar unas notas** o un esquema con los diferentes puntos y **vocabulario importante** para no olvidar nada. Prepara un esquema **simple** de los diferentes temas que quieres tratar y las situaciones imaginadas: personas que hay, dónde están, qué ocurre, por qué piensas eso, hacer diferentes suposiciones.

Aquí tienes un **esquema** (foto 9) de todos los temas que puedes observar en la situación de la fotografía. Algunos serán relevantes para la situación que te toque en la tarea y otros no.

Método DELE B2: Prueba Oral

SITUACIÓN FOTOGRAFÍA

TAREA 2

PERSONAS Y LUGAR

Descripción de personas, cosas o el lugar que ayuden a determinar cuál es la situación.

 Para empezar

En esta foto podemos observar a dos personas que están ...

En la fotografía se puede ver a ...

La imagen representa ...

Estas personas están en ...

Estas personas parecen estar en ...

 Sobre las personas

Podemos hablar sobre:
- la edad
- la profesión
- ropa: lleva (puesto/a) ...
- estado de ánimo: parece enfadado/a, ...
- posición del cuerpo: sentado/a, tumbado/a, agachado/a, apoyado/a en ..., de pie.

 Sobre el lugar

Podemos hablar sobre lugares:
- al aire libre: campo, ciudad, edificio, ...
- interior: bar, oficina, ...

Están en lo que parece ser un/a ...

 Sobre la posición

Al fondo,
En primer plano,
En el centro

Arriba,   a la derecha
Abajo,   a la izquierda

HIPÓTESIS

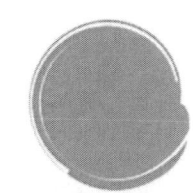

Hipótesis relacionadas con la información de personas, cosas o el lugar para determinar la situación.

Una de ellas parece un/a .... porque ...

Creo que ..

Supongo que ...

(Me) parece que ...

> Es posible que + Subjuntivo
>
> Quizá(s) /Probablemente + Indicativo / Subjuntivo
>
> Podría ser que + Imperfecto de Subj.
>   + Pluscuamp. de Subj.

Argumentos a favor y en contra

.... porque.... /... ya que ...

.... aunque ... / ... pero ...

 Para terminar

Cuando todo termine, seguramente irán a ...

USA VOCABULARIO ESPECÍFICO
(tienes que destacar)

Si para ti la situación de la fotografía no es evidente, no te preocupes, como hemos dicho varias veces, lo que se juzga es tu nivel de lengua, no tus conocimientos culturales, ni tu talento para adivinar las situaciones. Así que, intenta explicar lo que tú ves y tu interpretación de la situación.

En cuanto al vocabulario, usa **vocabulario de nivel alto, pero que domines.** Escribe en tu esquema y subraya las palabras o expresiones que quieres decir para demostrar que tienes un nivel B2. Si no recuerdas la palabra, pero la tienes **subrayada**, podrás encontrarla rápidamente y no hacer pausas largas.

Si en la imagen aparece un objeto importante para la situación, pero no recuerdas el nombre (*estetoscopio* del médico), puedes describir de una manera indirecta la situación (hacer circunloquios, dar rodeos) por ejemplo: *"el médico parece que se dispone a comprobar si respira bien o si tiene bien el corazón"*.

Si terminas rápidamente de describir la situación, antes de que termine el tiempo asignado al monólogo de la fotografía, puedes hablar de **cosas similares**. Por ejemplo, si en la imagen aparece una celebración de cumpleaños, puedes hablar de un aniversario, de una boda o cualquier otra celebración que se te ocurra.

En resumen,

1. **Recuerda controlar el tiempo durante la preparación (20 minutos) para poder preparar los esquemas de la tarea 1 y de la tarea 2.**

2. **Subraya las palabras importantes que quieres utilizar.**

3. **Usa circunloquios para las palabras que no recuerdes, si son importantes para la situación.**

4. **Puedes hablar de temas relacionados, si te quedas corto.**

2.1. Primera parte T2: fotografía, descripción de la situación

Ya hemos elegido la mejor opción de las dos láminas que te proponen.

En la lámina hay una **fotografía**, tienes que hablar sobre la **situación** que aparece, una descripción de la situación. También tienes que explicar **cómo has llegado a esa conclusión** describiendo la fotografía.

¿Qué **temas** pueden aparecer? Pueden hacer referencia a cualquier ámbito de la vida y pueden darse diferentes situaciones, en la calle o en el interior de un edificio.

En estas imágenes normalmente aparecen varias personas que están interactuando entre ellas y está ocurriendo algo que tenemos que explicar.

Vamos a utilizar la misma estructura de sándwich que usamos en el monólogo.

Frase de inicio

Contenidos organizados (hipótesis + justificación con descripción)

Frase de conclusión

Frase de inicio

¿Cómo empezar? Piensa en la frase con la que quieres empezar; como en la tarea 1, una con la que te sientas **cómodo**. Puedes elegir una y decir siempre la misma, como hemos mencionado, ahora no necesitamos aprender español sino decir una frase correcta y con la que nos sintamos seguros. Tienes que conseguir un **equilibrio entre lucirte y sentirte cómodo**. Si tienes la frase de inicio, te dará confianza y en estos momentos de nervios, es importante.

Por ejemplo:

"En esta fotografía podemos observar a dos personas que parecen estar discutiendo."

"En la fotografía se puede observar ..."

"En la fotografía podemos ver ..."

"En la imagen hay ..."

EJERCICIO: elige una de estas frases o escribe otra que te guste más.

Para ir practicando, vamos a observar la fotografía del modelo que nos da el Instituto Cervantes, los ejercicios y ejemplos serán de esta imagen.

Método DELE B2: Prueba Oral

Tarea 2

Instrucciones

Usted debe imaginar una situación a partir de una fotografía y describirla durante unos dos o tres minutos. A continuación conversaré con el entrevistador acerca de sus experiencias y opiniones sobre el tema de la situación. Tenga en cuenta que no hay una respuesta correcta: debe imaginar la situación a partir de las preguntas que se le proporcionan. Deberá elegir una de las dos fotografías.

EJEMPLO DE FOTOGRAFÍA: **UN PROBLEMA EN UN VIAJE**

Las dos personas de la fotografía están de viaje y tienen un problema. Imagine la situación y hable de ella durante, aproximadamente, dos minutos. Estos son algunos aspectos que puede comentar:

- ¿Dónde cree que están? ¿Por qué?
- ¿Qué relación cree que hay entre estas dos personas? ¿Por qué?
- ¿Cómo imagina que es cada una de estas personas? ¿Por qué?
- ¿Qué cree que ha pasado? ¿Por qué?
- ¿A quién cree que está llamando ella? ¿Por qué?
- ¿Qué cree que se están diciendo?
- ¿Qué cree que va a ocurrir después? ¿Cómo va a terminar la situación?

Una vez haya descrito la fotografía durante el tiempo estipulado (2-3 minutos), el entrevistador le hará algunas preguntas sobre el tema de la situación hasta cumplir con la duración de la tarea.

Contenidos organizados

En primer lugar, imagina **qué puede estar ocurriendo** en la fotografía. En segundo lugar, analiza por qué piensas que está ocurriendo eso que has imaginado. Recuerda que no hay respuesta correcta, nosotros podemos imaginar una situación y el examinador creer que pasa otra cosa diferente, tampoco hay respuesta correcta, lo verdaderamente importante es la lengua.

Piensa cómo vas a describir todo esto y si **tienes vocabulario** para explicarlo, pero si tienes el vocabulario, busca la mejor manera para demostrar todo lo que sabes.

EJERCICIO: mira atentamente la fotografía del examen modelo del Instituto Cervantes y decide qué está pasando. Imagina 4 situaciones posibles y piensa por qué lo imaginas. Utiliza el esquema de la tarea 2 (foto 9) e intenta completarlo.

Situación 1:

Situación 2:

Situación 3:

Situación 4:

Si no se te ocurre nada que decir, piensa primero en tu idioma, qué dirías. Algunas veces los nervios no nos permiten tener imaginación.

EJERCICIO: cuando no se te ocurre nada de nada, otro truco es practicar con un juego, necesitas un compañero. Tu compañero no puede ver la imagen y tiene que dibujar lo que tú describas: tienes que hablar de las personas, cómo están vestidas, cuál es su posición, qué expresa su cara, sus manos, etc. También hablar de las cosas que aparecen y de qué está ocurriendo.

Vamos a utilizar la fotografía del examen modelo del Instituto Cervantes.

Observamos la foto: pensamos que tienen un problema relacionado con viajes.

Observa y analiza el esquema (foto 10, infografía hecha con Picktochart https://piktochart.com/) y recuerda que el objetivo es describir **la situación**, qué está ocurriendo. Para ello, tenemos que relacionar lo que vemos (las personas, las cosas, sus posiciones, gestos, expresiones de la cara y dónde están) con nuestras suposiciones.

Carmen Madrid

SITUACIÓN FOTOGRAFÍA

TAREA 2

PERSONAS Y LUGAR

Descripción de personas, cosas o el lugar que ayuden a determinar cuál es la situación.

 Para empezar

En esta foto podemos observar a dos personas que están en la calle con las maletas

 Sobre las personas

- un hombre y una mujer
- llamar por teléfono
- gestos del hombre
- el hombre pregunta o recrimina
- gestos del hombre: hombros encogidos, brazos abiertos, palmas hacia arriba, ...
- gestos de la mujer
- abrigo, bufanda

 Sobre el lugar

- exterior, calle o plaza
- bar con terraza
- acera, cerca de la carretera
- frío

 Sobre la posición

- al fondo, a la derecha bar, portal
- en primer plano, dos personas y maletas

 Sobre las cosas

- maletas
- cabina
- farolas
- un plumas
- cazadora y una bufanda
- tronco del árbol

HIPÓTESIS

Hipótesis relacionadas con la información de personas, cosas o el lugar para determinar la situación.

- matrimonio, novios o amigos
- viaje

- invierno u otoño
- no parece España
- pasar frío

- taxi no aparece,
- habrán estado esperando (futuro de probabilidad) mucho tiempo
- llega tarde
- se preguntan por qué no está
- han pedido un taxi en el hotel
- se han alojado en hotel o apartamento?

- no lo han llamado antes
- enfadado con ella, ella no ha querido?
- él parece echar la culpa a la chica
- pensaron que en esa calle pasarían porque es una calle principal

 Para terminar

Cuando todo **termine**, seguramente llamarán a un taxi e irán al aeropuerto para tomar el avión. Esperemos que lleguen a tiempo.

- hombros encogidos
- recriminar
- echar la culpa
- de mediana edad

Vamos a analizar cómo **justificamos nuestras hipótesis** con las preguntas que se hacen los periodistas **(¿quién?, ¿dónde?, ¿qué?, ¿cómo?, ¿por qué?...**): están en la calle con unas maletas en el suelo, ella está llamando por teléfono desde una cabina, también sabemos que lo que ocurre no es una situación normal porque el hombre está con las palmas de las manos hacia arriba, los hombros encogidos y los brazos abiertos como preguntándose qué está ocurriendo o también puede ser que esté enfadado con la mujer.

Vamos a **deducir**: tienen un problema ¿cuál? (muchas posibilidades) y lo quieren solucionar, ¿cómo? (muchas posibilidades). Quizá el taxista no haya llegado a la hora acordada o podría ser que pensaran que sería fácil encontrar un taxi en esa calle, pero no pasa ninguno.

Podemos empezar por la **situación que imaginamos** y después explicamos **por qué lo pensamos**: "Creo que están esperando un taxi que no llega porque estas dos personas están en la calle con las maletas y el hombre parece que le está recriminando algo a la mujer ya que tiene las palmas de las manos hacia arriba y sus gestos son de enfado".

Pero también podemos **describir qué vemos** y lo que **concluimos**. Como no lo sabemos con seguridad, podemos hacer varias suposiciones: "Podemos ver dos personas que están en la calle con las maletas en el suelo, así que puede ser que quieran ir al aeropuerto o quizás acaben de volver.

Imagina **varias explicaciones para cada hipótesis**, tendrás que usar conectores para dar otras posibilidades: "... pero también es posible que ...", "quizá ...", o frases similares. Ejemplo: "En la fotografía podemos ver dos personas que **parecen** estar discutiendo o que están enfadadas por algo. **Puede ser que** estén discutiendo porque uno de ellos no ha querido llamar a un taxi para ir al aeropuerto, o también **es posible** que haya querido llamar a otra empresa de taxis, ya que parece que la mujer se dirige a llamar por teléfono".

Por ejemplo:

"... pero también es posible que + subjuntivo..."

"... o quizá(s) + subjuntivo"

"... o quizá sea porque + indicativo"

"... también es probable que + subjuntivo"

"... o bien, puede que + subjuntivo"

"... aunque, yo creo, que lo más probable es que + subjuntivo".

Necesitarás varias **fórmulas que expresen probabilidad o hipótesis**. Eso sí, prepara unas cuantas y quédate con las que te sientas más cómodo. Cuando vayas practicado con varias fotografías, las dirás sin pensar.

Frase final

La última de las preguntas propuestas en la fotografía nos invita a **explicar qué va a ocurrir después** o cómo va a terminar esta situación. Podemos explicarlo con cualquier imagen que nos muestren, aunque no nos lo pregunten directamente.

Inventa un final para la situación y **aprovecha para introducir un subjuntivo** (ya sabes que, en los niveles altos, a los examinadores les gusta escucharlos):

Cuando todo termine, ...

Cuando se marchen de aquí, ...

Cuando dejen de discutir, ...

Cuando consigan tomar el taxi, ...

Ejemplo: "cuando consigan un medio de transporte, llegarán al aeropuerto y espero que puedan tomar su avión sin problemas".

EJERCICIO: Una práctica que puedes hacer en tu vida normal es, cuando veas una fotografía, un cuadro, una viñeta en el periódico, imaginar qué situación está ocurriendo, pensar qué dirías y cómo la describirías en el examen.

En resumen:

1. Elige una frase de inicio

2. Decide qué está ocurriendo. Puedes formular varias hipótesis.

3. Justifícalo con la descripción.

4. Frase final, ¿qué pasará después?

2.2. Segunda parte T2: conversación sobre la fotografía

Después de la descripción de la fotografía e imaginar cuál es la situación, tendrás que **conversar con el entrevistador sobre tu experiencia en alguna situación similar** que hayas vivido: sobre cómo se viven esas situaciones en tu país, tus opiniones con respecto a ese tema, siempre relacionado con la imagen.

En el *examen modelo del Instituto Cervantes* nos proponen las siguientes preguntas (recuerda que el examinador puede elegir una de estas preguntas o no):

- ¿Cree que viajar con otras personas es problemático? ¿Por qué?
- ¿Cuáles cree que son los problemas más habituales que se dan en los viajes en pareja o en grupo?

El tema de la fotografía parece ser "viajes y problemas", así que preguntarán por esas situaciones. Si tienes tiempo en los 20 minutos de preparación, puedes pensar en alguna pregunta similar que te puedan hacer.

Otras preguntas que puede hacer el entrevistador:

¿Te ha pasado alguna vez algo parecido?

¿Has tenido algún problema o alguna situación similar?

¿Te has enfadado con alguien en algún viaje?

¿Te gusta viajar solo? ¿Prefieres viajar en grupos grandes o pequeños?

EJERCICIO: piensa en otras preguntas. Responde a todas estas preguntas para conseguir tener más habilidades de este tipo. La foto 8 te puede ayudar.

Mis consejos: En la parte de conversación, si hablas mucho, puede ser que el entrevistador te haga menos preguntas. Por un lado, puede ser conveniente, así no podrán hacerte preguntas que no sepas contestar, pero es mejor ser natural y que sea una conversación fluida. Así que habla, pero sin pasarte de la raya.

Si no entiendes alguna pregunta, puedes pedir que te la repita o reformularla. Por ejemplo: "¿Me preguntas por /si …?". Ej.: *"¿Me preguntas si me he enfadado con un amigo por algo así?"*

Si no sabes qué responder a alguna pregunta, puedes decir que de ese tema no tienes muchos conocimientos y sugerir otra cosa de la que sí tienes experiencia o esperar a que te hagan otra pregunta. Ej.: *"Nunca me he enfadado con un amigo en un viaje, pero a mi hermano sí le paso algo así, …"*

Intenta pensar en algo que te haya ocurrido a ti, así solo tendrás que pensar en cómo contarlo porque la historia la conoces bien y si te hacen más preguntas, tendrás más ideas para contar.

3. Cómo preparar la tarea 3

Ten en cuenta que la tarea 3 **no se prepara**. La primera vez que vas a ver las láminas para esta tarea será cuando el examinador te las muestre después de hacer la tarea 1 y la tarea 2.

El entrevistador te va a mostrar **2 láminas** diferentes con una **encuesta o gráfico**, te va a dar un momento para mirarlas y para que elijas una.

Después de elegir una, tendrás unos minutos para **leer las preguntas** de la encuesta o gráfico, para pensar **qué contestarías** y para que observes los resultados.

Lo habitual es que sean temas de actualidad, así que seguro que tienes opiniones sobre ese tema.

En esta tarea realmente no hay una división en dos partes, pero normalmente la conversación gira en torno a **dos tipos de preguntas**: primero, dices **qué contestarías tú** a cada pregunta; segundo, dices tu **opinión sobre los resultados** de la encuesta hecha en un país hispanohablante.

Tienes que conversar sobre los datos de esta encuesta durante unos 3 minutos. Dices tus respuestas y qué opinas sobre el resultado, sobre el porcentaje de personas que hace algo, el tema de la encuesta o las preguntas en concreto.

Normalmente hacen unas **6 preguntas**: 3 para hablar de **tus respuestas**, en comparación o no de los resultados de la encuesta y 3 para hablar de **tu opinión** sobre el contenido.

3.1. Primera parte de la tarea 3

Elegir lámina

Antes de empezar tienes que elegir una encuesta, puede ser que el entrevistador te pregunte por qué has elegido esa opción. Puedes **tener preparada una respuesta** de este tipo:

"He elegido la encuesta sobre .... porque ....".

Por ejemplo: *"He elegido la encuesta sobre reciclaje porque estoy bastante concienciada con el cambio climático y creo que una de las causas es la fabricación de plásticos. Si lo reciclamos, no necesitamos producir más y …".*

Tus respuestas a la encuesta

Si te preguntan qué contestarías a las preguntas de la encuesta, tienes dos opciones: puedes contestar como si fuera una **hipótesis** o como si **realmente acabaras de hacer la encuesta**.

Hipótesis: A la primera pregunta **contestaría** (Condicional) que …

Encuesta realmente **hecha**: A la primera pregunta **he contestado** (Pretérito Perfecto) que …

Ejemplo **hipótesis**: *"(Si hiciera esta encuesta) a la primera pregunta contestaría que sí porque me gusta reciclar. En mi casa tengo cubos diferentes para basura orgánica, para recipientes de plástico, vidrio, etc.".*

Ejemplo de encuesta **hecha**: *"A la segunda pregunta he contestado que reciclo muchos aparatos eléctricos porque tengo que deshacerme de bastantes dispositivos por mi trabajo y los suelo llevar a un punto limpio".*

Puedes seleccionar las respuestas de la encuesta o los datos del gráfico que te parezcan más interesantes. Como es una conversación, el examinador te puede preguntar sobre las otras respuestas que no has seleccionado, si lo decide.

Ejercicios:

1. Escribe tu frase de inicio.

2. Decide cómo vas a contestar: a modo de hipótesis o como si realmente hicieras la encuesta.

3.2. Segunda parte de la tarea 3

En esta parte tienes que comentar los **resultados** de la encuesta, decir tu opinión y compararlos con tus respuestas. Así que fíjate en las **cosas que llamen la atención** cuando leas la encuesta.

Intenta que la conversación sea fluida, natural, como si hablaras con un amigo. Toda la prueba es una prueba oral así que, **si no hablas suficiente, no podrán evaluarte**. Si solo dices "sí o no" pensarán que no tienes nivel suficiente para un B2.

Como tendrás la lámina durante el examen, puedes ir consultando lo que necesites. Así que fíjate bien en los datos relevantes y las palabras clave, no tienes que leer o recordar todo.

Porcentajes
En la encuesta vas a encontrar porcentajes. Vamos a repasar cómo se leen estos datos.

Papel y cartón 94 %. ¿Cómo puedo hablar de este porcentaje?

El noventa y cuatro por ciento (de las personas que han hecho la encuesta) ha contestado que recicla el papel y el cartón.

Un noventa y cuatro por ciento recicla el papel y el cartón.

La mayoría de las personas encuestadas recicla el papel y el cartón.

El porcentaje más alto es el del reciclaje de papel y cartón, con un noventa y cuatro por ciento.

Comparación con tus respuestas
Si te piden comparar tus respuestas con los datos de la encuesta, puedes decir:

En general, he respondido lo mismo, excepto en la tercera pregunta, en la que yo he contestado que …

En la primera pregunta he contestado lo mismo, pero en la segunda no, yo he contestado que …. Sin embargo, en la encuesta ….

Ejemplo de preguntas que hace el entrevistador y que aparecen en el *modelo del Instituto Cervantes*:

- Observe los datos de la encuesta y compárelos con sus propias respuestas: ¿En qué coinciden? ¿En qué se diferencian?

- ¿Hay algún dato que le llame especialmente la atención? ¿Por qué?

- ¿Por qué ha escogido esa opción? ¿Podría poner un ejemplo?

- ¿Con qué opción está menos de acuerdo? ¿Por qué?

En la siguiente infografía puedes encontrar **diferentes formas de contestar,** si te piden comparar tus respuestas con los datos de la encuesta (foto 11, infografía hecha con Picktochart https://piktochart.com/):

T3. Conversación sobre la encuesta

 ## Responder el cuestionario

Si hicieras esta encuesta ¿Qué contestarías a estas preguntas?

A la primera pregunta contestaría (que) ... porque ....
    segunda   he contestado
    tercera
A la pregunta que trata / habla de ... contestaría /he contestado

 ## Comparar el resultado de la encuesta con tus respuestas

En la encuesta parece que la mayoría de las personas piensa / valora que + Indicativo

Sin embargo, parece que una minoría cree que + Indicativo

Solo un 6% (seis por ciento) + Indicativo

Preguntas habituales

- ¿Por qué ha escogido esa opción? ¿Podría poner un ejemplo?
    He elegido esta opción porque me interesa mucho ...
- ¿En qué coinciden? ¿En qué se diferencian?
    En la primera pregunta yo he puesto ... en cambio en la encuesta, ...
        ... mientras que en la encuesta, ...
        ... en la encuesta también ...
    Como la mayoría de las personas, yo también creo que ...
- ¿Hay algún dato que le llame especialmente la atención? ¿Por qué?
    Lo que más me sorprende es que + subjuntivo
    Me sorprende que + subjuntivo
    No me esperaba que + imperfecto de subjuntivo
- ¿Con qué opción está menos de acuerdo? ¿Por qué?
    La opción que menos me gusta es la que dice que...
    No estoy de acuerdo con que + subjuntivo
- ¿Crees que la gente de tu país o de tu entorno contestaría lo mismo que tú, o lo mismo que los españoles?
    Creo que las personas en mi país responderían que ...
    Me parece que el resultado de esta encuesta en mi país sería parecido/diferente porque ...

En el momento del examen, tendrás 2 opciones para elegir. Elige el tema más conocido para ti, del que tengas cosas de qué hablar. El título será muy concreto y te ayudará.

Si al final has elegido un tema del que no tienes experiencia, piensa qué contestarían tus padres o tus abuelos o amigos más jóvenes. Lo importante es tu nivel de lengua y tus habilidades comunicativas.

Fíjate bien en los datos que te llamen la atención, esta será una de las preguntas.

Fíjate también en los datos que crees que son diferentes en tu país.

Justifica, explica tus opiniones en relación con los datos de la encuesta.

EJERCICIO: cuando en tu vida normal veas un gráfico o una encuesta, piensa cómo hablarías de esto en el examen. Si estás acostumbrado a este tipo de encuestas o gráficos, en el momento de la prueba oral será más fácil hacer esta tarea.

En resumen:

–Repasa cómo leer los porcentajes y cómo comparar.

–En el examen, elige bien la lámina, léela fijándote en los puntos de interés, prepara una frase de inicio, decide si vas a contestar como una encuesta hecha o como una hipótesis y habla de manera natural.

Carmen Madrid

V. ESPERA Y RECEPCIÓN DEL CANDIDATO

Algunas veces hay que esperar un poco en unas sillas que están al lado de la puerta donde tiene lugar la prueba oral. En ocasiones, se debe a que algún estudiante ha llegado tarde o los examinadores han necesitado más tiempo para saber el nivel del candidato o quizá algún otro problema logístico.

Cuando yo he sido examinadora, pocas veces ha habido retrasos, cuando ha ocurrido, ha sido por estas razones. Hemos intentado solucionarlo, haciendo pasar antes a los candidatos que ya estaban allí.

¿Qué hacer en esos momentos para no ponerse nervioso? Pues, por ejemplo, repasar el esquema o **revisar las palabras o expresiones** que queremos decir para demostrar que tenemos el nivel del DELE B2. Así que nos puede venir muy bien.

Prepara el pasaporte o el documento con fotografía que lleves y repasa mentalmente cómo empezar, así no te pondrás tan nervioso.

La prueba

1.   El candidato (o sea, tú) entra y los examinadores te van a pedir la **documentación**. Te piden el pasaporte u otro documento válido con **fotografía** para saber que eres tú y no va un amigo tuyo español en tu lugar.

2.   Pasas a la habitación, hay dos examinadores y te dicen sus nombres. Uno de ellos, la persona que va a hablar contigo (el entrevistador) se sienta frente a ti y el otro examinador se sienta detrás

de ti (el calificador) de manera que tú no podrás verlo el resto de la prueba. Mira la foto 2.

3. Al principio, te hacen unas **preguntas para "romper el hielo" y para que estés más tranquilo:**

¿Prefieres que hablemos de **tú o de usted**?

¿De dónde eres?

¿Dónde vives? ¿Has vivido en España o en algún país de habla hispana?

¿Por qué estudias español?

¿En qué trabajas?

Estas preguntas no son calificadas. Probablemente mientras el entrevistador te hace estas preguntas, el examinador que califica, el calificador, está completando la información del papel donde tiene que poner las notas: nombre del candidato, el nombre o número de los examinadores, la fecha, etc. Así que lo que digas, no cuenta.

Los **examinadores no quieren suspenderte** o que hagas mal el examen, todo lo contrario, uno de sus objetivos es que estés lo menos nervioso posible para poder calificarte bien, por eso van a hacer preguntas simples antes de empezar, incluso alguna broma.

4. **La prueba oral**: las 3 tareas.

5. **Despiden al candidato**: te dan las gracias, te explican cuándo sabrás las notas y te dicen adiós. Sales de la sala de examen.

6. Los examinadores hablan un poco sobre el **nivel del candidato, el entrevistador pone la nota holística.**

7. Llaman al siguiente candidato.

Algunos estudiantes me preguntan sobre los examinadores. Normalmente **los examinadores se van turnando** en estas tareas de calificar y de entrevistar, por ejemplo, después de entrevistar a 5 personas, el entrevistador pasa a ser calificador y califica a otras 5 personas.

Los examinadores estamos haciendo exámenes orales todo el día o toda la tarde, desde las 3 de la tarde hasta las 8 o 9 de la noche y hacemos 2 o 3 descansos de 10 minutos, si no hay mucho retraso.

En resumen:

- lleva un documento oficial con fotografía,
- sé puntual;
- si tienes que esperar, aprovecha para revisar tus notas;
- **piensa que los examinadores van a intentar que no estés nervioso para que hables lo mejor que sepas, están deseando que apruebes.**

Carmen Madrid

VI. EL EXAMEN

6.1. La tarea 1

Después de las **preguntas para "romper el hielo"**, el entrevistador te hará un **breve resumen de toda la prueba**, te explicará en qué consiste la tarea 1, te anunciará el comienzo del examen y **te dará paso para que empieces** con el monólogo de la tarea 1.

Según las instrucciones de la tarea 1 de la prueba oral, tienes que hablar sobre 4 de las propuestas como mínimo, pero si no hablas de todas, no pasa nada. Probablemente los examinadores han leído todas las láminas antes de empezar la prueba oral o incluso el día anterior y puede ser que no recuerden todas las propuestas.

El **calificador está atento a la lengua**, a la coherencia, la fluidez, la corrección y el alcance. No presta atención a si has hablado de todas las propuestas.

Es preferible que estés tranquilo (sé que es fácil decirlo, pero intenta canalizar los nervios a emoción para estar más concentrado) e intentes hablar de manera natural, si tienes el nivel B2 no tendrás ningún problema.

Los examinadores quieren saber si tienes el nivel B2. Si te pones excesivamente nervioso, van a intentar que no lo estés. Si te "quedas en blanco", si parece que no recuerdas nada, el entrevistador te ayudará y te hará alguna pregunta.

Piensa que no es un examen de conocimientos, es un examen de lengua, así que no tienes que demostrar que sabes mucho de ese tema.

Ya hemos dicho que lo mejor es que durante la prueba no mires el esquema. Si miras demasiado, no lo estás haciendo bien porque es un examen oral, no se trata de leer algo escrito.

Algunos candidatos se sienten más seguros con el esquema en la mano, aunque no lo miren, para otros es mejor que no tengan ningún tipo de papel porque no pueden evitar leer. Si puedes, memoriza lo fundamental de cada propuesta y recuerda las ventajas y desventajas que vas a decir. Si es tu opinión verdadera no tendrás que hacer mucho esfuerzo.

Después del monólogo, el examinador va a comenzar una conversación contigo. **Es posible que empiece a preguntar antes de que tú termines el monólogo,** no te preocupes, no significa nada. A menudo vamos mal de tiempo y si el calificador que está detrás de ti ya tiene los datos suficientes para saber tu nivel, puede ser que haga una señal al entrevistador para que empiece con las preguntas. Algunas veces, a causa de los nervios, el tiempo puede parecer demasiado largo o demasiado corto.

Cuando ya hayas terminado el monólogo, como ya hemos explicado, deberás responder a las **preguntas** de uno de los examinadores. Si no entiendes alguna, pídele sin miedo que **te la repita o reformula la cuestión con tus palabras,** es algo que también hacemos los nativos.

Recuerda que un truco para que te hagas menos preguntas es hablar mucho para que el entrevistador te pregunte lo menos posible y no te arriesgas a que te hagan una pregunta que no entiendas o que no sepas contestar. Pero, por otro lado, lo mejor es tener una conversación fluida y natural, no hablar por hablar.

El entrevistador te avisará cuando termine la tarea 1 y también del comienzo de la tarea 2.

Mira los consejos que aparecen en el *capítulo IV, apartado 1 "Cómo preparar la tarea 1".*

En YouTube puedes encontrar tres vídeos de las tres tareas y puedes tener una idea bastante real de cómo es esta prueba, el canal es de *Zanichelli editore S.p.A.* y si escribes en el buscador de YouTube: *DELE*

Método DELE B2: Prueba Oral

B2 - Prueba de Expresión e interacción orales, aparecerán. Tarea 1: https://www.youtube.com/watch?v=k3uy3emw4nE&t=18s

En resumen:

- **practica el monólogo,**
- **piensa que el examinador solo quiere saber tu nivel (no quiere ponerte las cosas difíciles),**
- **intenta no mirar el esquema y hablar de manera natural.**

6.2. La tarea 2

El entrevistador te preguntará qué fotografía has elegido y te dará una lámina con la foto, el examinador tendrá otra lámina similar a la tuya con las preguntas que te hará más tarde.

Después, realizará otro **breve resumen de la tarea 2 y te dará paso** para que empieces a hablar de la fotografía.

Como ya hemos explicado en capítulos anteriores, tendrás que hacer un breve **monólogo** sobre lo que está pasando en la imagen, expón las 4 o 5 hipótesis que hayas imaginado en la preparación y justifica tus suposiciones.

Igual que en la tarea anterior hay una segunda parte de **conversación**. El entrevistador va a empezar a preguntar cuando haya concluido el tiempo del monólogo, cuando el candidato haya terminado su exposición o cuando el calificador se lo indique al entrevistador.

En la parte de diálogo, el entrevistador te hará preguntas relacionadas con la foto. Intenta hablar de manera fluida, no tendrás mucho problema porque son preguntas relacionadas con la fotografía y suelen ser situaciones cotidianas.

Por mi experiencia, tanto la conversación de la tarea 1, como en la conversación de la tarea 2 son las partes en que los estudiantes se expresan mejor.

El entrevistador te indicará cuándo termina la prueba.

Vídeo de la tarea 2 de *Zanichelli editore S.p.A*: https://www.youtube.com/watch?v=2iMgQY0gXUw&t=27s

6.3. La tarea 3

El entrevistador, como en las otras dos pruebas, hará un **breve resumen de lo que tienes que hacer en la tarea 3.** Te dirá que elijas una lámina. Lee los títulos y recuerda los consejos de los que hemos hablado para elegir un tema en la tarea 1 y aplícalos.

Tendrás aproximadamente **un minuto para mirar la lámina** que suele ser una encuesta o un gráfico. Son temas cotidianos y de actualidad como medios de comunicación, ecología, aprendizaje de idiomas, etc., así que no tendrás problemas para seleccionar una lámina.

El entrevistador te preguntará si estás preparado y comenzará a preguntarte sobre la encuesta o gráfico. Si has practicado con varios exámenes o encuestas no tendrás ningún problema.

El entrevistador te avisará de que **ha terminado la tarea 3 y toda la prueba.** Quizá te explique algo referente a cuándo tendrás las notas o simplemente te dará las gracias y nada más. Ten en cuenta que hay muchos candidatos esperando a examinarse.

Los examinadores no pueden decir nada referente al examen, no pueden decirte si lo has hecho bien o mal, ni por supuesto la nota. Si dicen alguna expresión como "pues, muy bien, ya hemos terminado", no pienses que se refiere a tu actuación, es una manera de hablar.

¡YA ESTÁ, YA HAS TERMINADO! La suerte está echada. Por ahora, solo queda ir al bar y tomarse algo. Y claro, esperar la nota.

Sé que esto parece algo muy obvio, pero NO SE PUEDE HABLAR EN OTRO IDIOMA QUE NO SEA ESPAÑOL en ningún momento, ni para hablar de algo que no esté relacionado con el examen.

Vídeo de la tarea 3 de Zanichelli editore S.p.A

En resumen:

- **ten en cuenta los consejos para elegir el tema,**
- **lee bien los títulos antes,**
- **no esperes que los examinadores te digan el resultado del examen.**
- **Habla solo en español.**

Carmen Madrid

VII. ¿QUÉ GRAMÁTICA TENGO QUE REPASAR?

En un nivel B2 tienes que demostrar que sabes usar todos los tiempos verbales, amplio vocabulario, marcadores del discurso, etcétera.

Tarea 1

¿Qué necesitas repasar para esta tarea? En las instrucciones de la tarea 1 dice que tenemos que **valorar** unas propuestas por medio de un **monólogo** y una conversación con el entrevistador. Por tanto, al ser un monólogo tendremos que **estructurar un discurso**. Además, si tenemos que hacer una valoración, tendremos que dar nuestra **opinión** y usar expresiones de **valoración** y **certeza**.

Así que tendremos que repasar los **marcadores del discurso** y los **conectores** para usar las diferentes formas de **introducir las propuestas** o los temas: "A la propuesta de ... le veo una ventaja muy clara...". Mira el esquema de la foto 7.

Para organizar tu discurso tienes que repasar los **marcadores del discurso:**

Para empezar, ...

En primer /segundo/ tercer lugar

Por un lado, ... / Por otro lado, ...

Para terminar,

Por último,

En conclusión,

Expresar **causa**: porque, ya que, gracias a que (positivo), por culpa de que (negativo), puesto que, debido a que, ...

Expresar **consecuencia**: por tanto, de ahí que +subjuntivo, en consecuencia, por lo cual, …

Conectores para **añadir** una información: además, también, incluso, hasta, …

Conectores para **contraponer** ideas: aunque, a pesar de que, si bien, pero, sin embargo, en cambio, no obstante, ahora bien, de todas formas, por el contrario …

Para **aclarar** una idea: o sea, es decir, con esto quiero decir que …

Introducir una opinión personal: para mí, en mi opinión, yo creo que, a mi juicio, bajo mi punto de vista, …

Expresar **valoración y certeza**: "Es importante que …", "es evidente que".

Repasa las oraciones **sustantivas**: los verbos de **lengua**, los verbos de **percepción** y los de **pensamiento** (creer, pensar, opinar, …). Dentro de estos, recuerda hay excepciones en el uso del indicativo y subjuntivo.

Además, este tipo de verbos pueden tener dos significados, como "decir" que puede significar "informar" (le seguiría Indicativo) y también pueden significar "mandar, aconsejar" (como otros verbos de influencia, van con subjuntivo):

El médico dijo que tenía gripe (me informó).

El médico me dijo que tomara estas pastillas (me ordenó).

Repasa los verbos de **influencia**, donde están verbos como "aconsejar, querer, necesitar" que van con subjuntivo.

También es importante cómo mostrar **acuerdo o desacuerdo** (se necesita para la parte del **monólogo** y también para la parte de **conversación** con el examinador).

Tarea 2

La tarea 2 consiste en **describir** una **fotografía** y hacer **suposiciones** sobre la situación que está ocurriendo en forma de monólogo y después una conversación con el entrevistador.

Expresar **probabilidad o hipótesis**: "Es posible que …"; hipótesis con condicional: "Sería mejor …". También las **causales** puesto que tenemos que justificar por qué hacemos esa suposición. También necesitaremos repasar los **conectores** porque tenemos que **estructurar** nuestro discurso y expresiones para manifestar nuestra **opinión**.

Para **describir la fotografía** tendremos que repasar:

La **ubicación** en el espacio: en primer plano, al fondo, detrás de, etcétera.

La **descripción de personas**: edad, partes del cuerpo, ropa, estados de ánimo, posición (apoyado en la pared, boca abajo, con las piernas cruzadas), etc.

La descripción de **cosas**: material, estado (roto, nuevo, etc.), origen, forma, color, para que sirve, etc.

Vocabulario: estudios, trabajo, la salud, la alimentación, la ecología, la ropa, la casa, la familia, el campo, la ciudad, viajes, ocio, tecnología, comercio, medios de comunicación, arte, etc.

La **identificación de personas**. Algunas veces, en la fotografía aparecen más de 3 personas y si queremos hablar de alguna de ellas específicamente, lo primero que tenemos que hacer es identificar a esa persona:

—La chica **DE** la derecha, parece estar enfadada. La chica **que está a** la derecha…

—El hombre **DEL** sombrero, parece asustado.

—La mujer **DE** rojo /La mujer **DEL vestido** rojo, está explicando algo.

Tarea 3

En esta parte es conveniente repasar cómo expresar los **porcentajes**:

–6% "el seis por **ciento** de los encuestados …"

–100% "el cien por **cien** de las personas ..."

–Un **porcentaje** muy alto de encuestados piensa que ...

–Un **tanto por ciento** bajo de los encuestados opina que ...

–La mayoría de las personas ...

–La mayor parte de los encuestados dice que ...

–Una minoría dice que ...

Comparar tus respuestas con los resultados de la encuesta.

Una de las preguntas más frecuentes es qué es lo que más te ha sorprendido:

–Lo que más me sorprende es que + subjuntivo

Conectores de contraste: sin embargo, en cambio, ...

En resumen, aunque tengas el nivel B2, no viene mal repasar toda la gramática y específicamente los puntos que hemos mencionado y que son los que aparecen en las instrucciones de las tareas o se deducen de ellos.

VIII. EL DELECALENDARIO DE PASOS

Cada estudiante es diferente, pero voy a darte algunas pautas y pasos para preparar esta prueba. Elige lo que te venga mejor y, por supuesto, puedes saltarte los pasos que creas convenientes.

En mis clases, si los estudiantes se aburren de hacer lo mismo, practico dos días la tarea 1 y dos días la tarea 2 (que les gusta más) hasta que las tienen dominadas. También puedes volver atrás, si piensas que, a causa de demasiadas pausas u otro problema, lo necesitas.

Este es un calendario de pasos, pero también puedes hacerte tu propio "**DELEcalendario**" usando un calendario de verdad. Es complicado calcular los días que puedes necesitar, como hemos dicho, todos los estudiantes son diferentes y algunas tareas pueden ser más complicadas para unos que para otros.

EJERCICIO: Para elaborar tu DELEcalendario, ten en cuenta lo siguiente:

¿Cuándo es el día del examen?

Revisa la gramática antes (capítulo VII).

Tienes 22 pasos.

Algunas tareas pueden ser complicadas y tienes que reservar varios días.

En este libro solo se habla de la prueba oral y tienes otras pruebas que preparar.

Paso 1. Lee este libro

Lee los capítulos anteriores. En este capítulo, especialmente en los primeros pasos, vamos a utilizar la parte oral del *examen modelo del Instituto Cervantes* para preparar esta prueba.

https://examenes.cervantes.es/sites/default/files/dele_b2_modelo0.pdf

Sería conveniente que lo **imprimieras**. La prueba oral va de la página 40 a la 47. Te indicaré cuándo lo tenemos que usar.

Si te parece demasiado difícil la **tarea 1** (desde el paso 2 al 10), puedes empezar por la **tarea 2** (pasos 11-17) y después puedes volver al paso 2, o puedes ir alternando como hago yo en las clases.

Paso 2. El monólogo de la tarea 1

Tenemos 20 minutos para preparar dos pruebas, pero nosotros vamos a empezar a preparar la prueba sin controlar el tiempo, aunque sí lo comprobaremos.

Para comenzar, utiliza el tiempo que necesites para preparar las tareas.

Empezamos por el monólogo. En mi opinión la tarea más difícil de la prueba oral, especialmente si tienes mala memoria, porque tienes que recordar las diferentes propuestas. El examen modelo del Instituto Cervantes nos va a servir para practicar.

Lee atentamente el apartado Cómo preparar la tarea 1 del capítulo IV.

Usa todos los esquemas que tienes en el libro. Ten en cuenta que poco a poco tendrás que dejar de usarlos hasta que no necesites ninguno.

EJERCICIO: elige la frase con la que quieres comenzar.

Escribe los sinónimos del verbo "proponer", en las fotos 5 y 6 tienes algunos.

Lee las propuestas y marca las palabras clave, escríbelas en el esquema (foto 5).

Decide una frase para concluir.

Haz el monólogo en voz alta. Pon en marcha el **cronómetro**, solo para comprobar cuánto tiempo has tardado. **Graba el monólogo** (la primera vez no es necesario).

Paso 3. Comprueba la grabación

Preguntas de control (es una buena idea tenerlas siempre a mano):

1. ¿Has hablado de más **de 4 propuestas**? Si has hablado sobre menos de 4 propuestas, puede ser un problema de memoria o de tiempo. Es una cuestión de práctica, no te preocupes.

2. ¿Cuántos minutos ha durado el monólogo? La primera vez, no importa cuánto **tiempo** has necesitado, pero sí tenemos que saber si no llegamos al tiempo o nos pasamos mucho, para saber qué hacer.

Si no llegas, puedes hablar de más propuestas o que tu valoración de cada una de ellas sea más extensa. Si te pasas del tiempo, puedes unir varias propuestas, hablar solo de 4 propuestas o ser más breve en tu valoración.

A menudo, las primeras veces, nos pasamos del tiempo a causa de las pausas.

3. ¿Has hecho muchas **pausas** cortas, algunas pausas largas? Por ahora, no te preocupes, es una cuestión de práctica. Pero tienes que ser consciente de que tienes que intentar evitarlas. En este nivel, tienes que hacer pausas similares a las que puede hacer un hablante nativo para reorganizar su discurso o para recordar una palabra que se le resiste, pero **no puedes hacer pausas demasiado largas**.

Para ser consciente, un **truco** es grabar el mismo monólogo **en tu idioma y en español**, ¿haces más o menos las mismas pausas cortas? Pausas largas no deberías hacer ninguna en este nivel.

> 4. ¿Has utilizado conectores aditivos, contraargumentativos, etc.? ¿Has tenido problemas para **estructurar** el monólogo? Si es así, repasa los **conectores** para empezar y terminar discursos, además de los que se usan para introducir nuevos temas (paso 4).
>
> 5. ¿Has usado expresiones que necesitan **subjuntivo**, por ejemplo "es importante que", etc.? ¿Has usado **estructuras gramaticales de nivel B2**? Si no es así, repasa la gramática, especialmente la valoración con subjuntivo y haz ejercicios de este tipo.
>
> 6. ¿Cuántas veces has mirado el **papel**? Aunque al principio es normal que lo hagas, nuestro objetivo es **no mirar** en ningún momento el papel. Cada vez que practiques un nuevo monólogo, tienes que conseguir mirar una vez menos el papel.

Si, preparando la prueba oral, miramos frecuentemente el papel, durante el examen miraremos dos veces más nuestras notas, a causa de los nervios. Con la práctica conseguirás no mirar en absoluto, no te preocupes.

Anota:

¿Qué puntos hago bien?

¿Qué puntos tengo que mejorar?

Método DELE B2: Prueba Oral

Paso 4. Ejercicio 1

Este ejercicio es especialmente útil para los **estudiantes** que hayan tenido **problemas con la estructura y los conectores**. Si no has tenido problemas, puedes saltar al paso siguiente.

Ejercicio para la TAREA 1. Completa los espacios con las propuestas de la tarea 1 de la prueba oral:

Para empezar, he elegido el tema de _____ porque _____ Con algunas de las propuestas que aparecen aquí estoy bastante de acuerdo, pero con otras no estoy de acuerdo en absoluto.

A la propuesta de _____ le veo el inconveniente de _____ (+infinitivo) _____ Sin embargo, creo que es importante _____que (+ subjuntivo) _____

Acerca de _____ (+ infinitivo) _____, como sugiere la segunda/tercera/… propuesta, no creo que _____(+subjuntivo) _____. En mi opinión, lo mejor es que _____ (+ subjuntivo) _____.

La tercera/cuarta/… opinión aconseja _____ (+ infinitivo) _____ // aconseja que ____(+subjuntivo)_____, estoy completamente de acuerdo porque _____. Además, _____.

La última propuesta me parece un poco _____. Lo mejor sería que _____ (+ Imperfecto de subjuntivo) _____, y que _____ (+ Imperfecto de subjuntivo) _____.

En resumen, casi todas las propuestas son interesantes, pero yo creo que la solución a este problema es _____.

Ahora, **vuelve a hacer el monólogo**, sin leerlo, por supuesto, recuerda que es un examen oral. Puedes mirar tus notas con las palabras clave.

Comprueba tu actuación con las preguntas de control del paso 3.

EJERCICIO: en caso de emergencia, un ejercicio que puedes hacer para comenzar es hacer el discurso por escrito y después intentarlo de forma oral ¡sin leer!

Paso 5. Continuamos con el monólogo

En este paso tampoco vamos a controlar el tiempo de preparación. Nuestro **objetivo** en el paso 5 es **consolidar las frases de comienzo y conclusión,** además de elegir las **expresiones para introducir una nueva propuesta**. Aunque puedes comprobar cuánto tiempo tardas solo para ser consciente.

Volvemos a utilizar la prueba oral del examen B2 modelo del Instituto Cervantes. ¿Por qué otra vez el mismo examen? Por una parte, nos dará confianza saber de memoria las propuestas; por otra parte, porque queremos **poner el foco en los conectores y expresiones para introducir las nuevas propuestas**. Además, expondremos el discurso de una manera más fluida.

En el paso 2, ya has elegido la frase con la que vas a comenzar siempre, ahora **elige las frases con las que vas a introducir las diferentes propuestas** con el esquema de la foto 7.

Vuelve a hacer el monólogo en voz alta. **Graba el monólogo** otra vez. Algunas personas tienen reparos a grabarse, se ponen nerviosos, piensa que es similar a tener a un examinador escuchando en un examen.

Contesta otra vez las **preguntas de control del paso 3** y toma las medidas oportunas: repetir el mismo monólogo varias veces, hacer el ejercicio del paso 4 o redactar el monólogo antes de exponerlo de forma oral.

Nota para los profesores: alterna con la fotografía, según tu criterio. Si piensas que la tarea 1 es muy difícil o si tus alumnos se aburren mucho preparando únicamente el monólogo.

Paso 6. Controla el tiempo del monólogo

Ahora sí vamos a **controlar el tiempo de la preparación**. Como son 20 minutos para preparar 2 pruebas, vamos a usar **10 minutos** para preparar el **monólogo de la tarea 1**, aunque seguro que ya sabes todas las propuestas de memoria y lo tienes preparado.

Utiliza otra vez la prueba oral del modelo del Instituto Cervantes.

EJERCICIO:

Si no lo has hecho en el paso 2, en la hoja que tienes que dividir (foto 5) escribe:

—La frase con la que quieres comenzar.

—Los sinónimos del verbo "proponer", en la foto 6 tienes algunos.

—Lee las propuestas y marca las palabras clave, escríbelas. Piensa cómo vas a introducirlas.

—Decide una frase para concluir.

Haz el monólogo en voz alta. Si tienes cronómetro en el móvil, ponlo en marcha y después comprueba cuánto tiempo has tardado, tiene que ser unos 4 minutos. Graba de nuevo el monólogo.

Comprueba con las preguntas de control del paso 3 y toma las medidas oportunas, de las que ya hemos hablado en el paso anterior.

Paso 7. Practica el monólogo

Elige la prueba oral de otro examen, en el capítulo X. También puedes encontrar otras pruebas en mi página web, en otros libros y en Internet.

Repasa los conectores, la manera de introducir las propuestas nuevas y la gramática. Intenta usar alguno de los conectores que revises, expresiones, etc. en el monólogo.

Prepara en 10 minutos el monólogo: coge un papel, **divide la hoja** como en la foto 5, escribe:

- la frase de comienzo que quieres usar siempre,
- las palabras clave de cada propuesta
- y decide la frase de conclusión.

Graba el monólogo (o practícalo con algún compañero que se esté preparando este examen) delante de un espejo o de una planta. Si sois tres personas, mejor, porque uno puede hacer de entrevistador, otro de calificador y otro de candidato. Cambiad los roles.

- El entrevistador prepara algunas preguntas.
- El calificador toma nota de los errores y de las pausas. Tiene las preguntas de control
- El candidato expone el monólogo.

Responde las preguntas de control del paso 3. Si lo haces bien, pasa al siguiente. Si todavía tienes que practicar, sigue en el paso 7 hasta que lo consigas.

Paso 8. Conversación de la tarea 1

Revisa las preguntas típicas que suele hacer el entrevistador en el examen oral, las encontrarás en la foto 8 y en el capítulo IV, en concreto en el apartado 1.2. Segunda parte de la Tarea 1.

EJERCICIO: contesta a las siguientes preguntas de la conversación de la Tarea 1:

¿Existe este problema en tu país?

Yo soy de _____país_____ y tengo la impresión de que, aunque hay _____, es verdad que (+indicativo) _____

¿Crees que es importante detener este problema pronto?

En mi opinión, es fundamental ____(+infinitivo) _____.

Toma el modelo del Instituto Cervantes. Contesta las preguntas de la tarea 1 de la prueba oral.

EJEMPLO DE PREGUNTAS DEL ENTREVISTADOR:

Sobre las propuestas

-De las propuestas dadas, ¿cuál le parece la mejor?

Sobre su realidad

-¿Cree que en su país hay un problema con el aprendizaje de segundas lenguas? ¿Cómo y cuándo suelen aprenderse?

Sobre sus opiniones

-¿Cree que el aprendizaje de segundas lenguas desde pequeños es importante? ¿Por qué?

Paso 9. Tarea 1 completa

Ahora es muy importante que **controles el tiempo**, tanto de la preparación, como de la prueba (monólogo y conversación), en total, la duración de esta prueba es de 5 o 6 minutos.

Ve al capítulo X. Practica con otros exámenes, haz la tarea 1 completa del modelo 1 y del modelo 2.

Contesta a las preguntas de control del paso 3 para saber si sigues mejorando. Seguro que sí, pero es mejor comprobarlo.

Paso 10. Practica la tarea 1

Practica con todos los monólogos que has hecho hasta ahora, añadiendo las preguntas que puede hacer el entrevistador. Si en el examen no hay preguntas, escríbelas tú antes de empezar.

Controla el tiempo de la preparación y de la tarea 1. Graba la prueba o practícala con alguien.

Método DELE B2: Prueba Oral

Sigue practicando hasta que tengas un discurso estructurado, y hasta que **no tengas pausas largas y no mires el papel en absoluto.**

Paso 11. La situación de la fotografía (tarea 2)

Vamos a empezar sin preocuparnos del tiempo que tardamos en la preparación de la tarea 2. Esta tarea es más fácil porque tienes un apoyo gráfico.

El examen modelo del Instituto Cervantes nos va a servir para practicar. Si no lo has imprimido, ve a la tarea 2, la situación de la fotografía.

De todas formas, revisa la gramática y el capítulo IV, apartado 2.1. Cómo preparar la fotografía. Observa bien los consejos para toda la tarea y especialmente la descripción de la situación en la fotografía.

Usa los esquemas que tienes en el libro para la tarea 2 (foto 9), pero recuerda que poco a poco tienes que dejar de usarlos hasta que no necesites ninguno.

EJERCICIO: escribe la frase con la que quieres empezar.

Elige las hipótesis de las que quieres hablar (por lo menos 4), relacionadas entre ellas o no, escríbelas en la columna de la izquierda, solo una palabra clave. Escribe, en la columna de la derecha, la justificación, también solo con una o dos palabras clave.

1.

2.

3.

4.

Escribe el vocabulario que no quieres olvidar y con el que quieras lucirte.

Decide una frase para concluir.

Haz el monólogo de la fotografía en voz alta. **Graba el monólogo.** Comprueba cuánto tiempo has tardado.

Paso 12. Comprueba tu actuación o la grabación de la tarea

Preguntas de control de la fotografía (Si tienes la versión digital, es conveniente imprimirlas):

> 1.   ¿Cuántos minutos ha durado el monólogo? Como en la primera tarea, la primera vez, no importa cuánto **tiempo** has necesitado, pero sí tenemos que tener en cuenta si no llegamos al tiempo o nos pasamos mucho, para saber qué hacer.

Si te pasas del tiempo, puedes hacer menos hipótesis o ser más breve en la argumentación. A menudo, las primeras veces los estudiantes se pasan del tiempo a causa de las pausas, la solución es practicar más hasta conseguir eliminar las pausas largas.

Si no llegas al tiempo, puedes hacer más conjeturas sobre lo que ocurre o dar más argumentos para cada suposición. He tenido estudiantes que no eran capaces de hablar más de un minuto, decían algo como *"En la imagen se ven dos personas que están discutiendo porque parece que el taxi que han pedido no viene"*. Yo le animaba con gestos a decir algo más y decían *"bueno, o quizá han llegado al hotel y resulta que no tienen ninguna reserva a su nombre"*. A partir de ese momento empezaban a quejarse de que no había nada más que decir.

Si tienes el mismo problema, tienes que pensar que además de la **hipótesis** tienes que explicar **por qué lo dices** describiendo lo que ves, por qué crees que están enfadados, por qué crees que no han reservado una habitación en el hotel o por qué piensas que lo que ocurre es que el taxista no llega a la hora que han quedado.

Tienes que aprender a **"mirar"** una fotografía, **describir**, hacer **suposiciones** de la situación y **explicar por qué** dices cada una de las hipótesis. Cada cosa que decimos, explicamos por qué lo decimos.

Prepara más conjeturas desde cada aspecto que veas en la imagen: pueden irse de viaje o volver de un viaje. Si van de viaje, puede que no sepan cómo ir al aeropuerto. Si vuelven, puede ser que no puedan entrar en casa.

Si no lo consigues, un truco puede ser intentarlo primero en tu idioma, haz hipótesis y argumenta por qué crees eso. Después, haz el monólogo en español. También puedes hacer el juego que hemos explicado en el capítulo IV 2.1.

---

2.   ¿Has hecho muchas pausas cortas, algunas **pausas largas**? Como en el monólogo de la tarea 1, las primeras veces no importa demasiado, es una cuestión de práctica. Pero tienes que ser consciente de que las tienes para intentar evitarlas. En este nivel, tienes que hacer **las mismas pausas que puede hacer un hablante nativo** para reorganizar su discurso o para recordar una palabra que se le resiste.

Como antes, para ser consciente, lo mejor es **grabar** el mismo monólogo en tu idioma y en español, ¿haces más o menos las mismas pausas cortas? **Pausas largas no deberías hacer ninguna en este nivel.**

---

3. ¿Has usado expresiones que necesitan subjuntivo, por ejemplo "puede ser que", "podría ser que", "quizá", etc.? ¿Has usado **vocabulario** y **estructuras de nivel B2**? Si no es así, repasa la gramática, especialmente la expresión de la hipótesis y probabilidad con subjuntivo e indicativo. Haz ejercicios de este punto gramatical.

4. ¿Has tenido problemas para **estructurar** el monólogo de la fotografía? Repasa los conectores. En el paso 13, tendrás un ejercicio que te ayudará.

5. ¿Cuántas veces has mirado tus notas? Nuestro objetivo es **no mirar en ningún momento el papel**, es mejor que mires la fotografía. Así que tienes que recordar las palabras y expresiones que quieres decir. Por mi experiencia como examinadora, en esta prueba los candidatos no suelen mirar el esquema y mis estudiantes tampoco porque tienen el apoyo de la imagen.

Paso 13. Ejercicio 2

Mira el esquema ejemplo de la foto 10 y compáralo con el tuyo.

Ejercicio para la TAREA 2. Completa los espacios con las propuestas del examen, haz los cambios necesarios:

En esta fotografía podemos observar a _____ personas.

En mi opinión, la situación está relacionada con un/a _____. Creo que es así porque ___ _____, una de las personas parece _____ y _____ quizá sea _____.

Parece que _____ porque _____.

La otra persona, además, _____ lo que significa que _____.

Puede ser que _____(+subjuntivo) _____, o bien que _____(+subjuntivo) ____ porque _____.

Es posible que _____(+subjuntivo) ____ porque _____.

Posiblemente, cuando terminen de _____(+infinitivo) _____, quizá _____ (+ subjuntivo) _____. Después, ____(+futuro) _____, es decir, _____. O a lo mejor, lo que también puede ocurrir es que _____(+subjuntivo) _____.

Ahora, vuelve a hacer el monólogo de la fotografía, sin leerlo, por supuesto, recuerda que es un examen oral. Puedes mirar tus hipótesis y explicaciones.

Haz otra vez las preguntas de control del paso 12 y 3.

Paso 14. Controla el tiempo de la fotografía

Ahora sí vamos a **controlar el tiempo de la preparación**. Como son 20 minutos para preparar 2 pruebas, vamos a usar **10 minutos para preparar la fotografía**.

Utiliza otra vez la prueba oral del modelo del Instituto Cervantes.

EJERCICIO: en la hoja que tienes que dividir (foto 5) escribe:

La frase con la que quieres comenzar.

Las hipótesis y las explicaciones. Añade alguna más, si te has quedado corto con el tiempo.

Busca vocabulario difícil, pero que tú sepas (sin meterte en problemas) para poder lucirte.

Decide una frase para concluir.

Haz el monólogo en voz alta. Antes, pon el cronómetro en marcha y al final, **comprueba cuánto tiempo has tardado**, tiene que ser unos 3 minutos. **Graba** el monólogo.

Contesta las preguntas del paso 12 y toma las medidas oportunas.

Paso 15. Practica el monólogo de la fotografía

Para la tarea 2 vamos a hacer lo mismo que hemos hecho para la tarea 1.

Elige la prueba oral de otro examen, en el capítulo X, tienes otras pruebas. También puedes encontrar otras pruebas orales en mi página web, en otros libros y otras páginas web.

Repasa los conectores argumentativos, contraargumentativos, aditivos, etcétera. En el siguiente monólogo que practiques, **intenta usar más conectores en tu discurso**, expresiones, etc. Revisa el vocabulario y la gramática.

EJERCICIO: prepara en 10 minutos el monólogo de la fotografía: coge un papel, divide la hoja, escribe: la frase de comienzo que quieres usar siempre, hipótesis y explicaciones en forma de palabras clave y decide la frase de conclusión.

Como hemos hecho con la tarea 1, graba el monólogo o practícalo con alguien que se esté preparando este examen. Si sois tres personas, mejor, porque uno puede hacer de entrevistador, otro de calificador y otro de candidato.

Responde **las preguntas de control del paso 12** hasta que consideres que lo haces perfectamente. Si lo haces bien, pasa al siguiente. Si todavía tienes que practicar, sigue en el paso 15 hasta que lo consigas.

Cuando veas una fotografía en una revista, periódico, etc., practica.

Paso 16. La Conversación de la tarea 2

Prepara tú mismo otras preguntas relacionadas con el tema de la fotografía, como ya has comprobado están relacionadas con la situación de la imagen. También, puedes usar las que vienen en los exámenes de los libros.

Vuelve a mirar el capítulo IV, 2. Cómo preparar la tarea 2 y en concreto el apartado 2.2. y el esquema de la foto 8.

Controla el tiempo de las preguntas para saber cuántas pueden hacerte.

Paso 17. Tarea 2 completa

Vamos a practicar la tarea 2 completa. Puedes empezar por el modelo del Instituto Cervantes. Será fácil y la podrás hacer con fluidez después de hacer las tareas por separado en los pasos anteriores.

Después, practica con otros exámenes que tienes en el capítulo X y con los que encuentres en Internet o en otros libros.

Controla el tiempo, tanto en la preparación, en este caso 10 minutos o menos, como en la tarea 2 completa que es de 5-6 minutos.

Graba la prueba o practica con alguna otra persona.

Comprueba si lo has hecho bien con las preguntas del paso 12.

Paso 18. Tareas 1 y 2 juntas

Cuando domines la tarea 2, empieza a hacer **la tarea 1 y 2 juntas.** Utiliza todos los exámenes que has hecho antes, esto te dará confianza; pero alternando con alguno que no hayas hecho.

Sigue haciendo los esquemas. Si en la preparación sobra tiempo, estudia o aprende de memoria las palabras clave de las propuestas y el vocabulario o expresiones que quieres decir.

A partir de ahora tendrás que **prestar mucha atención al tiempo**. Tienes que ceñirte exactamente a los tiempos de la prueba oral del DELE B2: 20 minutos de preparación para las dos pruebas y 5-6 minutos (tarea 1), 5-6 minutos (tarea 2).

Como ya hemos dicho en otras ocasiones, si es posible, pide ayuda a un compañero de clases de español para hacer una simulación. Graba tu discurso.

Contesta las **preguntas de control del paso 3 y 12** cada vez que hagas la prueba oral o alguna de las tareas. Reflexiona sobre lo que tienes que mejorar.

¿20 minutos han sido suficientes para preparar las dos pruebas? Si necesitas más tiempo, sigue practicando. Es posible que la preparación de la tarea 1 te lleve más tiempo que la preparación de la tarea 2, puedes planear el tiempo de la preparación como te convenga.

Si te sobra tiempo, repasa el esquema.

Paso 19. Encuesta

Empezamos con la tarea 3. Recuerda que esta tarea no se prepara durante los 20 minutos de preparación, el entrevistador te da a elegir dos láminas en el momento del examen.

Pero nosotros vamos a entrenar algunas veces hasta que comprendamos la mecánica de esta tarea también. Mira el esquema de la foto 11 y revisa el capítulo IV, en concreto el apartado 3: Cómo preparar la tarea 3.

La primera vez vamos a utilizar el examen modelo del Instituto Cervantes. Responde a las preguntas de la tarea 3. Esta tarea dura 3-4 minutos.

Utiliza otros exámenes para practicar esta prueba.

> También puedes ver encuestas en un periódico u otro medio y puedes preparar preguntas similares a las que aparecen en el esquema e intentar contestarlas.

Cuando hayas practicado tú solo algunas veces, graba la prueba o practícala con un compañero. Comprueba el resultado con las preguntas de control del paso 3 y paso 12.

Si tienes problemas con la interacción (reaccionar adecuadamente a las preguntas o comentarios de la persona con la que estás hablando), con las reacciones a determinadas preguntas, practica con el ejercicio del paso 20.

Paso 20. Ejercicio 3

Ejercicio para la TAREA 3, la encuesta. Contesta a las siguientes preguntas con las encuestas que encuentres:

Pregunta: ¿En qué coinciden o en qué se diferencian tus resultados con los de la encuesta?

— En general, mis respuestas coinciden con las de la mayoría, por ejemplo, …

—Pues, coincido, por ejemplo, en que …

(Recuerda: COINCIDIR EN …, COINCIDIR CON …)

Pregunta: Has visto los resultados de esta encuesta ¿habría alguna diferencia con lo que tú contestarías?

—Sí, yo diría /yo iría/ Yo sería … Claro que dependería de (+ sustantivo).

(Recuerda: DEPENDER **DE** …)

Pregunta: ¿Hay algún dato que te llame la atención?

—Pues sí, me ha llamado especialmente la atención lo de (+ sustantivo /infinitivo) … y también que (+ Indicativo /Subjuntivo) …

—Bueno, me han llamado la atención las respuestas de los encuestados a la pregunta de si … (+ subjuntivo) …

—Pues la verdad es que ninguna me ha llamado especialmente la atención porque …

Pregunta: ¿Por qué te ha llamado la atención?

—Desde luego, me ha llamado la atención porque la mayoría ha contestado que …, es un gran porcentaje, y en mi opinión, es un poco extraño que (+ subjuntivo) …

—Pues, me ha llamado la atención porque es un porcentaje muy alto /bajo y yo creo que …

Pregunta: ¿Con qué resultado estás menos de acuerdo?

—En general, todos los resultados me parecen lógicos, excepto el de (+ sustantivo) /excepto que (+ subjuntivo) … porque …

Pregunta: ¿Crees que en tu país o la gente que conoces contestaría lo mismo que en esta encuesta?

—Bueno, no estoy muy seguro/a, pero, creo que la gente de mi país/mi edad/… contestaría algo parecido / contestaría todo lo contrario. Quizá la gente más joven/mayor diría otra cosa porque …

Pregunta: ¿Qué pregunta o asunto incluirías en esta encuesta y por qué?

—Bueno, yo preguntaría/ incluiría …

Paso 21. Prueba oral completa

Cuando domines la tarea 3, realiza la **prueba oral completa**. Usa para empezar, el modelo que encuentras en la página del Instituto Cervantes.

> Preparación: 20 minutos.
>
> Tarea 1 completa: 5-6 minutos.
>
> Tarea 2 completa: 4-5 minutos.
>
> Tarea 3: 3-4 minutos.

Compara tu prueba con el **examen oral modelo del *capítulo IX*** para tener una idea de cómo transcurre toda la prueba.

Haz varios exámenes orales completos. Puedes hacer algunas pruebas orales que ya hayas hecho y de vez en cuando alterna con alguna nueva. Grábalas y practica con compañeros que se estén preparando el DELE B2.

Si falta mucho para el examen, haz por lo menos uno cada semana para no perder el hábito.

Practica con los modelos que tienes a continuación en el ***capítulo X.***

Paso 22. Comprobación final

En el capítulo III. "Qué se califica", hemos analizado los elementos de calificación que tienen en cuenta los examinadores: la fluidez, la corrección lingüística, la coherencia, el alcance y la escala holística.

En el paso 3 y 12 hemos realizado las preguntas de control para comprobar si dominas la mayoría de estos puntos. Sin embargo, hay algunos aspectos que sería mejor comprobar con un hablante nativo o un **profesor de español**.

Las preguntas de control que debería comprobar un profesor de español:

> 1. ¿Tu **acento** puede hacer que no te comprendan? Creo que esto es fácil de comprobar si conoces a alguna persona hispanoparlante que te puede decir si tu acento puede ser una dificultad para la comprensión.
>
> 2. ¿La conversación en las tres tareas ha transcurrido de manera adecuada, fluida, colaborando con tu interlocutor? ¿Has reaccionado de manera adecuada?
>
> 3. ¿La impresión general es de una persona que no tiene problemas para comunicarse? Si tienes amigos hispanohablantes y practicas con ellos adviérteles que es importante que sean sinceros.

Muchos españoles quieren hacer intercambio de idiomas, en vivo o por Skype, quizá sería una buena idea incluso para mejorar tu español en general. Hay webs y apps que ponen en contacto a personas que quieren hacer intercambio de idiomas.

> 4. En cuanto a la **corrección gramatical**, ¿cometes muchos errores? ¿de qué nivel son los errores?
>
> 5. ¿Has seleccionado el **vocabulario adecuado**?
>
> 6. ¿Has cumplido con el objetivo de cada tarea?

Para responder estas preguntas, lo mejor es consultar a un profesor que haya preparado a estudiantes para el DELE B2 o haya sido examinador del Instituto Cervantes.

Como ya has preparado por tu cuenta esta prueba, no necesitarás muchas clases, quizá una o dos. Si crees que no puedes preparar esta prueba por tu cuenta y necesitas un profesor, busca uno que haya preparado este tipo de exámenes o haya sido examinador del Instituto Cervantes.

Si quieres **contactar conmigo**: metododele@gmail.com

Si decides preparar la prueba con un profesor, después de practicar la prueba con este método, ya tienes mucha información:

—en qué consiste la prueba,

—qué hacer durante la preparación de los 20 minutos,

—cómo preparar esas dos pruebas sin perder tiempo,

—qué valoran los examinadores,

—tendrás suficiente práctica para que no necesites muchas correcciones.

Método DELE B2: Prueba Oral

EJEMPLO DE CALENDARIO

He elegido como fecha del examen el día 15 de mayo de 2020 como fecha oficial del examen escrito, pero podría ser cualquier fecha de examen. Lo importante es que empieces aproximadamente 2 meses antes, aunque hay que tener en cuenta que también tienes que practicar las otras pruebas del examen.

MAR 2020

LUNES		MIÉRCOLES				DOMINGO
		LEE EL LIBRO REVISA LA GRAMÁTICA Y VOCABULARIO QUE SE MENCIONA EN EL CAPÍTULO VII				
	18 CIERRE PLAZO INSCRIPCIÓN EN EL DELE B2	PRUEBA ORAL PASO 2: monólogo T1. Elige frase inicial, conclusión. Preparación con esquema y practica				PASO 3. GRABA EL MONÓLOGO Preguntas de control
EJERCICIO 1 (si es necesario)	PASO 5. Conectores y expresiones para introducir las propuestas. La primera complicada y apréndela de memoria.	PASO 6. 10 minutos para preparación + 3/4 min. para monólogo. GRÁBALO Preguntas de control.				PASO 7. Práctica con otro examen GRABA EL MONÓLOGO Preguntas de control
PASO 8. Conversación de la Tarea 1 GRÁBATE.						

APR 2020

		MIÉRCOLES			
		PASO 9. Tarea 1 completa examen modelo. Preguntas control. Controla el tiempo.	PASO 10. Práctica con otro examen Grábalo. Tiempo. Preguntas de control		
TAREA 2 PASO 11: situación FOTO. Elige VOCABULARIO, frase inicial, conclusión e hipótesis con el modelo. Esquema y practica		PASO 12. GRABA EL MONÓLOGO de la Tarea 2. Preguntas de control	EJERCICIO 2 (si es necesario)		
PASO 14. 10 min. para preparación T2 + 2/3 min. para monólogo. GRÁBALO Preguntas de control.	PASO 15. Práctica con otro examen GRABA EL MONÓLOGO T2 Preguntas de control		PASO 16. Conversación de la Tarea 2 Escribe preguntas y contéstalas GRÁBATE.		
PASO 17. Tarea 2 completa, examen modelo. Preguntas control. Controla el tiempo.	PASO 18 Tareas 1 y 2 completas. Examen modelo. Preguntas control. Preparación 20 minutos. Controla el tiempo.		Si puedes, habla con un profesor que sea examinador DELE y te diga si tienes algo que corregir. carmenmadridonline@gmail.com		
TAREA 3 PASO 19: ENCUESTA. Elige si vas a contestar como una hipótesis y la frase de inicio. "Monólogo" comparando resultados con tus respuestas.					

MAY 2020

LUNES	MARTES	MIÉRCOLES	JUEVES	VIERNES	SÁBADO
				1 Si no te ha llegado el email con día y hora de la prueba oral ESCRIBE AL CENTRO DE EXAMEN	**2**
	TAREA 3 PASO 20: Ejercicio y prueba completa. Escribe las preguntas que te pueden hacer. "Monólogo" + contesta las preguntas.		**PASO 21. PRUEBA COMPLETA** Controla el tiempo. Haz preguntas de control.	**PASO 21. PRUEBA COMPLETA** Otros exámenes. Tiempo. Haz preguntas de control.
	PASO 21. PRUEBA COMPLETA Otros exámenes. Tiempo. Haz preguntas de control.			**15** Prueba escrita DELE B2	**16** Prueba escrita DELE B2

IX. EXAMEN MODELO

Algunos estudiantes prefieren tener un modelo para tener una idea aproximada de qué ocurre en toda la prueba. Pues aquí lo tienes.

Vamos a imaginar que ya has elegido una de las dos láminas de propuestas y una de las dos fotografías. Has elegido las que están en el modelo de examen del Instituto Cervantes y que hemos estado trabajando en este libro.

Ten en cuenta que en los exámenes siempre tratan de "usted". Cuando los entrevistadores te preguntan si prefieres tú o usted y contestas que prefieres usar "tú", solo entonces, te preguntarán usando "tú". Este tratamiento informal es muy común en España, quizá sea diferente en otros países. En cualquier caso, hablaréis en la persona que sea mejor para ti, tú decides.

Has preparado durante 20 minutos las dos primeras pruebas haciendo los esquemas de las tareas 1 y 2.

Has esperado unos minutos al lado del aula donde vas a hacer la prueba y has estudiado un poco tu esquema.

Te toca, qué nervios. Tranquilo, que es más fácil de lo que parece, más corto de lo que crees y además los examinadores te van a ayudar si te quedas bloqueado o te pones demasiado nervioso.

Uno de los examinadores, probablemente el entrevistador, sale y dice tu nombre.

Empieza la prueba

Entrevistador: Hola, ¿Lara Smith?

Candidato: Sí, soy yo.

Entrevistador: ¿Puedes enseñarme tu pasaporte?

Candidato: Muy bien. Pues, ya puedes pasar.

Entrevistador: Mira esta es Yolanda y yo me llamo Carmen. Yolanda se va a sentar detrás de ti. Siéntate aquí, por favor.

Candidato: Gracias.

Entrevistador: Lara, ¿prefieres que te hablemos de tú o de usted?

Candidato: De tú, por favor.

Entrevistador: ¿De dónde eres, Lara?

Candidato: Soy de Estados Unidos.

Entrevistador: Y ¿has estudiado español allí o aquí en España?

Candidato: Pues, en realidad, he estudiado en Estados Unidos y en muchos países hispanohablantes.

Entrevistador: Muy bien, así que conoces muchos países. Bueno, ahora voy a explicarte en qué consiste toda la prueba: esta prueba tiene 3 tareas, la primera es un monólogo sobre diferentes propuestas y una conversación que mantendrás conmigo sobre las mismas propuestas. En la segunda tarea, tienes que describir la situación de una fotografía y una conversación. En la última tarea, te mostraré dos encuestas, tendrás que elegir una y tendremos una conversación sobre los datos que aparecen. Vamos a empezar la primera prueba en la que tienes que hacer el monólogo y una pequeña conversación conmigo. Pues, empieza la prueba ahora. Cuando quieras, Lara, puedes comenzar con el monólogo de la primera tarea.

Candidato: Para empezar, he elegido el tema de aprender idiomas porque yo misma estoy aprendiendo un idioma en este momento, así que obviamente me interesa.

A la propuesta de impartir algunas asignaturas en otro idioma y formar a los profesores en verano le veo varios inconvenientes, por ejemplo, que los profesores no creo que quieran pasar el verano estudiando. En cuanto a impartir las asignaturas en otro idioma, puede ser positivo para aprender vocabulario de esas asignaturas en el otro idioma, pero no van a aprender el vocabulario y el contenido en el suyo propio.

En otra propuesta se aconseja que sean los padres quienes estudien otra lengua, supongo que para que ellos enseñen a sus hijos. Tampoco creo que los padres estén dispuestos a sacrificar su tiempo libre para que sus hijos aprendan más rápido. La gente está cansada después de trabajar.

La segunda propuesta sugiere que los estudiantes tengan más horas de clase, esto para mí es un inconveniente para los niños porque ya tienen bastantes clases y si tienen deberes o practican deporte puede ser demasiado para ellos.

Acerca de que los niños hablen en otro idioma en los recreos, no creo que sea una buena idea porque va a ser imposible para los profesores controlar que los niños hablen en un idioma determinado. Además, no me parece justo que los niños no puedan hacer lo que quieran en su tiempo libre.

La última propuesta me parece más interesante, es importante que los profesores sean nativos para que los niños aprendan una buena pronunciación, aunque también es necesario que tengan formación como profesores.

En conclusión, no me convence totalmente ninguna de las propuestas. Yo creo que lo mejor sería que dejaran de doblar las películas, entre otras medidas, porque en los países donde no se doblan suelen hablar mejor otros idiomas.

Entrevistador: De todas las propuestas ¿cuál te parece la mejor?

Candidato: Pues, como te he dicho antes, la última, la que propone que los profesores sean nativos.

Entrevistador: ¿Crees que en tu país hay un problema con el aprendizaje de segundas lenguas?

Candidato: Bueno, en mi país a mucha gente no le interesa aprender otro idioma. Además, se empieza a aprender idiomas extranjeros muy tarde, a los doce años.

Entrevistador: ¿Crees que el aprendizaje de segundas lenguas desde pequeños es importante?

Candidato: Sí, claro, eso parece. He leído que cuanto más joven eres, mejor aprendes un idioma. No sé si es verdad, pero creo que sí.

Entrevistador: Algunas personas empiezan a estudiar de mayor, ¿les aconsejarías que dejaran de estudiar?

Candidato: No, claro que no. No es que no se pueda estudiar un idioma de mayor, sino que es más difícil recordar el vocabulario y las estructuras. Pero es una idea fantástica estudiar un idioma cuando seas mayor, es bueno para estimular el cerebro.

Entrevistador: Vale, pues hemos terminado la primera prueba. Vamos a empezar la segunda, tienes que describir la situación de la fotografía y después mantendremos un pequeño diálogo sobre el mismo tema. Cuando quieras puedes empezar, Lara.

Candidato: En esta imagen podemos observar a dos personas que parecen tener algún problema. El hombre está con las palmas de las manos hacia arriba, los hombros encogidos y los brazos abiertos como preguntándose qué está ocurriendo, así que puede ser que esté enfadado con la chica que está llamando por teléfono. Creo que le echa la culpa de la situación.

Supongo que son pareja, a lo mejor están casados porque parece que hay bastante confianza entre ellos.

Están en la calle y tienen las maletas en el suelo, así que probablemente todo esté relacionado con un viaje. La mujer es posible que esté llamando por teléfono a un taxista o a alguien que no los ha recogido a la hora que habían quedado y le llama para saber si va a venir.

Es probable que hayan pensado que no era necesario llamar porque sería fácil tomar un taxi y resulta que no pasa ninguno. Parece que es una foto antigua, así que no habrá aplicaciones para pedir un UBER o algo similar.

Por la ropa que llevan, un plumas ella y él una bufanda, parece que es invierno o viven en algún lugar donde hace frío y a lo mejor querían irse de vacaciones a las islas Canarias o un lugar más cálido.

Creo que, cuando la chica hable con el taxista por teléfono, el taxi vendrá rápido y llegarán a tiempo al aeropuerto. Tendrán unas vacaciones estupendas.

Entrevistador: ¿Crees que viajar con otras personas es problemático? ¿Por qué?

Candidato: Bueno, viajar con personas tiene su lado bueno y su lado malo. Viajar solo es más aburrido y si te ocurre un problema, tienes que afrontarlo solo; pero si vas con otras personas, te arriesgas a que esas personas quieran hacer algo que a ti no te apetece, por ejemplo.

Entrevistador: ¿Cuáles crees que son los problemas más habituales que se dan en los viajes en pareja o en grupo?

Candidato: Yo, prefiero viajar en pareja o grupo siempre. No me gusta viajar sola. Los problemas más habituales, no sé, depende de con quien vayas, supongo. Es mejor conocer bien a las personas con las que viajas, creo que, si conoces bien a la persona, no hay problema.

Entrevistador: Pero, en la foto, parecen una pareja y están discutiendo.

Candidato: Sí, claro, tienes razón, es más fácil discutir con alguien que conoces, pero si no conoces bien a la persona, no se lo dices, pero estás enfadada.

Entrevistador: ¿Te ha pasado alguna vez algo parecido?

Candidato: Bueno, sí, con alguna amiga, pero hace mucho tiempo.

Entrevistador: ¿Has tenido algún problema o alguna situación similar?

Candidato: Una vez estuve a punto de perder un vuelo, pero fue porque me levanté tarde.

Entrevistador: Pues, ya hemos terminado la segunda tarea. Vamos a empezar la tercera. Aquí tienes dos encuestas, una sobre calidad de vida y otra sobre reciclaje. Puedes echarles un vistazo, si lo necesitas.

Candidato: Elijo la encuesta sobre reciclaje.

Entrevistador: De acuerdo, tienes unos minutos para leer las preguntas, pensar que contestarías y observar los resultados. Cuando creas que estás preparada, me lo dices.

Candidato: Ya está.

Entrevistador: ¿Por qué has elegido esta opción?

Candidato: He elegido esta opción porque estoy bastante concienciada con este tema, con el cambio climático, etc.

Entrevistador: ¿Qué has contestado a las preguntas de la encuesta?

Candidato: A la primera pregunta he contestado que sí, que reciclo todos los residuos. A la segunda, he contestado que reciclo todos los residuos menos los muebles, aunque alguna vez le he dado muebles a algún amigo, y eso más o menos es reciclar. Y a la última, he contestado que no se recicla por falta de costumbre y de espacio.

Entrevistador: ¿Hay algún dato que te llame especialmente la atención?

Candidato: Pues, no me esperaba que los españoles reciclaran tanto. Y también me ha sorprendido que el 26% (veintiséis por ciento) no confíe en que su ayuntamiento vaya a reciclar la basura o las cosas de las que ellos se deshacen.

Entrevistador: ¿En qué se parecen tus respuestas a los resultados de la encuesta?

Candidato: Pues, creo que se parecen bastante. He contestado casi lo mismo. En la primera pregunta, la mayoría de la gente, más de un 90% (noventa por ciento) han dicho que sí reciclan, como yo. En la encuesta, hay más personas que reciclan vidrio, en cambio yo he puesto en primer lugar la materia orgánica porque en mi casa tenemos un jardín y podemos reciclar los desperdicios de la comida. Si no tuviera jardín, habría respondido lo mismo. Así que, sí, mis respuestas son muy parecidas.

Entrevistador: Pues ya ha terminado toda la prueba. Muchas gracias Lara. Recibirás las notas más o menos dentro de 3 meses.

Candidato: Gracias. Adiós.

EJERCICIO: subraya todas las expresiones que creas que te pueden resultar útiles para estructurar tu prueba oral. Por ejemplo: "Para empezar, he elegido el tema de aprender idiomas porque ..."

Carmen Madrid

X. PRACTICA CON OTROS EXÁMENES

Te voy a proporcionar unos modelos de examen para que pongas en práctica las técnicas que hemos comentado en el capítulo anterior. Recuerda que en los exámenes siempre usan "usted". En el examen oral, te preguntarán tu preferencia, tú o usted.

Modelo 1

Tarea 1

Instrucciones

Le proponemos dos temas con algunas indicaciones para preparar una exposición oral. Elija uno de ellos.

Tendrá que hablar durante 3 o 4 minutos sobre ventajas e inconvenientes de una serie de soluciones propuestas para una situación determinada. A continuación, conversará con el entrevistador sobre el tema durante 2-3 minutos.

LAS REDES SOCIALES

El desarrollo de las redes sociales ha hecho que estos medios de comunicación se conviertan en algo habitual y fundamental en la vida de adultos y jóvenes. Pueden ser a la vez una herramienta muy útil y un eventual peligro. La mayoría de los chicos y chicas tienen perfiles en varias redes. Se registran sin saber a lo que se arriesgan, publicando su intimidad y pasan horas hablando con "amigos" virtuales. Un grupo de padres, profesores y psicólogos se reúnen en un colegio para intentar solucionar esta situación.

Lea las siguientes propuestas y, durante tres o cuatro minutos, explique sus ventajas e inconvenientes; tenga en cuenta que debe hablar, como mínimo, de cuatro de ellas. Cuando haya finalizado su intervención, debe conversar con el entrevistador sobre el tema de las propuestas. Para preparar su actuación, al analizar cada propuesta debe plantearse por qué le parece una buena solución y qué inconvenientes tiene, a quién beneficia y a quién perjudica, si puede generar otros problemas; si habría que matizar algo…

— Los padres deberíamos explicar a los chicos y chicas que se deben utilizar con equilibrio y responsabilidad y también controlar el tiempo que están usando las redes.

— Voy a muchos colegios a dar charlas sobre el tema y veo que hay muchos chicos adictos a las redes. En gran parte, la culpa es de los padres que se pasan 16 horas al día pendientes del móvil, estas son las consecuencias.

—Creo que es importante ayudar a nuestros hijos a ser conscientes de sus riesgos, a usarlas, pero con responsabilidad, saber controlarse ellos mismos incluso cuando no estén los padres. Lo difícil es cómo conseguirlo.

—Yo recomendaría introducir a los jóvenes en su uso lo más tarde posible. A los padres les aconsejaría ejercer un control del tiempo y siempre estar presentes. El ordenador debería estar donde esté toda la familia, no en la habitación de los menores.

—La mayoría de los cambios que ha traído la tecnología y las redes sociales son positivos y deberíamos aprovecharlos. Siempre hay detractores al progreso. Cada vez que aparece algo nuevo hay críticos que solo ven aspectos negativos en todo.

—Lo mejor es llegar a un acuerdo con los hijos con respecto al periodo de uso del ordenador o de los móviles, establecer un tiempo generoso y respetarlo. Es importante animarlos a comentar con los padres o profesores cualquier cosa que les haga sentir incómodos cuando entran en una web o alguien les hace algún comentario o proposición.

EXPOSICIÓN

Ejemplo: Para empezar, voy a hablar del tema de las redes sociales porque tengo dos hijos adolescentes y estoy un poco preocupado por el uso que hacen mis hijos y sus amigos de estos medios de comunicación.

La primera propuesta sugiere que los padres controlemos el tiempo que nuestros hijos pasan usando el ordenador, estoy totalmente de acuerdo, pero le veo una desventaja y es cómo hacerlo, creo que esta persona no tiene hijos ...

CONVERSACIÓN

Una vez el candidato haya hablado de las propuestas de la lámina durante el tiempo estipulado (3 o 4 minutos), el entrevistador le hará algunas preguntas sobre el tema hasta cumplir con la duración de la tarea.

EJEMPLO DE PREGUNTAS DEL ENTREVISTADOR:

Sobre las propuestas

—De las propuestas dadas, ¿cuál le parece la mejor?

—¿Añadiría alguna opinión más?

Sobre su realidad

—¿Cree que en su país hay jóvenes que tienen un problema con las redes sociales?

—¿Tiene facebook, twitter u otra red social? ¿Cómo y cuándo suele usarlas?

Sobre sus opiniones

—¿Cree que hay peligros en las redes sociales?

—¿Cree que los jóvenes pasan demasiado tiempo usando redes sociales?

—¿Ve las redes más como una herramienta o más como un peligro?

La duración total de esta tarea es de 5 a 6 minutos.

Tarea 2

Instrucciones

Usted debe imaginar una situación a partir de una fotografía y describirla durante unos dos o tres minutos. A continuación, conversará con el entrevistador acerca de sus experiencias y opiniones sobre el tema de la situación. Tenga en cuenta que no hay una respuesta correcta: debe imaginar la situación a partir de las preguntas que se le proporcionan. Deberá elegir una de las dos fotografías.

Las dos personas de la fotografía están trabajando y tienen un problema. Imagine la situación y hable de ella durante, aproximadamente, dos minutos. Estos son algunos aspectos que puede comentar:

—¿Dónde cree que están? ¿Por qué?

— ¿Qué están haciendo? ¿Por qué?

—¿Qué relación cree que hay entre las personas que aparecen en la foto? ¿Por qué?

—¿Qué cree que ha pasado? ¿Por qué?

—¿Qué cree que llevan en las cajas las personas que van pasando? ¿Por qué?

—¿Qué cree que se están diciendo?

—¿Qué cree que va a ocurrir después? ¿Cómo va a terminar la situación?

Una vez haya descrito la fotografía durante el tiempo estipulado (2-3 minutos), el entrevistador le hará algunas preguntas sobre el tema de la situación hasta cumplir con la duración de la tarea.

EJEMPLO DE PREGUNTAS DEL ENTREVISTADOR:

—¿Cree que las obras en las ciudades pueden ser algo problemático? ¿Por qué?

—¿Cuáles cree que son los inconvenientes más habituales cuando hay obras? ¿Por qué?

—¿En tu ciudad has vivido alguna situación similar?

La duración total de esta tarea es de 5 a 6 minutos.

Tarea 3

Instrucciones

Usted debe conversar con el entrevistador sobre los datos de una encuesta, expresando su opinión al respecto. Deberá elegir una de las dos opciones propuestas.

PRACTICAR DEPORTE

En general ¿le gusta practicar deporte?	SÍ	NO
¿Suele caminar cada día?	SÍ	NO
¿Cuándo practica deporte?	- Antes de trabajar - En un descanso del trabajo - Después del trabajo y antes de llegar a casa - Al llegar a casa	

¿Dónde prefiere practicar deporte?
En casa
En un parque
Gimnasio
Centro deportivo municipal
Otro
¿Por qué no practica más deporte?
Por falta de tiempo
Por tener obligaciones familiares
Por trabajo
Prefiero hacer otras actividades
Otros

https://www.survio.com/es/plantillas-de-encuestas

Fíjese ahora en los resultados de la encuesta entre los españoles:

Tan solo el 14% de los españoles mayores de 15 años practica regularmente deporte. En el otro extremo se sitúa un 46% de personas que no practican ejercicio nunca, según datos del Eurobarómetro 2017.

El 15% de los españoles no camina durante 10 minutos seguidos en un periodo semanal y el 12% permanece sentado durante más de 8,5 horas al día.

Sobre los lugares escogidos para practicar actividad física, el 53% de los españoles prefiere espacios al aire libre, mientras que el 32% practica deporte en casa. En cuanto al momento elegido, se practica en los tiempos de descanso entre salir del trabajo, de las escuelas o de las tiendas y llegar a casa.

Por último, en cuanto a los impedimentos para la práctica deportiva o ejercicio físico, la falta de tiempo es el principal inconveniente (47% en España). Las excusas: las obligaciones familiares y laborales, que exigen mucho tiempo, y la preferencia por otras actividades.

Fuente: https://www.cmdsport.com/multideporte/actualidad-multideporte/crece-ligeramente-porcentaje-espanoles-no-practican-deporte/ (adaptado)

Modelo 2

Tarea 1

Instrucciones

Le proponemos dos temas con algunas indicaciones para preparar una exposición oral. Elija uno de ellos.

Tendrá que hablar durante 3 o 4 minutos sobre ventajas e inconvenientes de una serie de soluciones propuestas para una situación determinada. A continuación, conversará con el entrevistador sobre el tema durante 2-3 minutos.

LOS DEBERES

Un debate que genera mucha controversia últimamente es si los deberes escolares que los niños realizan en casa, después de su horario escolar son demasiada tarea para los niños. Tanto en el ámbito escolar, como en el educativo hay discrepancias con respecto a este tema.

Lea las siguientes propuestas y, durante dos minutos, explique sus ventajas e inconvenientes; tenga en cuenta que debe hablar, como mínimo, de cuatro de ellas. Cuando haya finalizado su intervención, debe conversar con el entrevistador sobre el tema de las propuestas. Para preparar su exposición, al analizar cada propuesta debe plantearse por qué le parece una buena solución y qué inconvenientes tiene, a quién beneficia y a quién perjudica, si puede generar otros problemas; si habría que matizar algo…

— Los deberes son necesarios para que los niños se acostumbren a tener responsabilidades y obligaciones.

—Los deberes ayudan a repasar todo lo que estudian en el colegio. Los padres deben hacerlos con los hijos y así pasan tiempo juntos todas las tardes.

— Creo que es importante que los niños hagan deberes para desarrollar una disciplina de trabajo, pero el tiempo debe depender de la edad del estudiante.

— Yo recomendaría que los deberes se adaptaran a cada niño. Casi siempre es una tarea aburrida. Los estudiantes los hacen mecánicamente sin prestar atención.

— La mayoría de los niños permanecen en el colegio unas 5 horas diarias, pasar otras dos horas haciendo deberes supone demasiado cansancio mental para ellos, los niños necesitan jugar para mejorar su desarrollo mental y personal.

— Lo mejor es que los profesores se pongan de acuerdo para no mandar todos los deberes el mismo día y que los padres lleven el control del tiempo de deberes y de juego.

EXPOSICIÓN

Ejemplo: *El tema del que voy a hablar es el de los deberes porque me parece muy importante todo lo relacionado con la educación. En cuanto a que los padres hagan los deberes con los hijos, como plantea la segunda persona, me parece absurdo. No creo que sea necesario estar todo el tiempo sentados al lado del niño. Si no entienden algo, alguno de los padres puede explicarlo y ....*

CONVERSACIÓN

Una vez el candidato haya hablado de las propuestas de la lámina durante el tiempo estipulado (3 o 4 minutos), el entrevistador le hará algunas preguntas sobre el tema hasta cumplir con la duración de la tarea.

EJEMPLO DE PREGUNTAS DEL ENTREVISTADOR:

Sobre las propuestas

—De las propuestas dadas, ¿cuál le parece la mejor?

—¿Añadiría alguna opinión más?

Sobre su realidad

—¿Cree que en su país es tan polémico el tema de los deberes?

—Cuando estudiaba usted ¿tenía muchos deberes? ¿le ayudaba alguien?

Sobre sus opiniones

—¿Cree que los deberes son necesarios para consolidar conocimientos?

—¿Cree que los jóvenes pasan demasiado tiempo en el colegio y haciendo deberes?

La duración total de esta tarea es de 6 a 7 minutos.

Tarea 2

Instrucciones

Usted debe imaginar una situación a partir de una fotografía y describirla durante unos dos o tres minutos. A continuación, conversará con el entrevistador acerca de sus experiencias y opiniones sobre el tema de la situación. Tenga en cuenta que no hay una respuesta correcta: debe imaginar la situación a partir de las preguntas que se le proporcionan. Deberá elegir una de las dos fotografías.

Las dos personas de la fotografía están jugando al fútbol y tienen un problema. Imagine la situación y hable de ella durante, aproximadamente, dos minutos. Estos son algunos aspectos que puede comentar:

—¿Dónde cree que están? ¿Por qué?

—¿Qué están haciendo? ¿Por qué?

—¿Qué relación cree que hay entre las personas que aparecen en la foto? ¿Por qué?

—¿Qué cree que ha pasado? ¿Por qué?

—¿Qué cree que se están diciendo?

—¿Qué cree que piensa la gente que está viendo el partido?

—¿Qué cree que va a ocurrir después? ¿Cómo va a terminar la situación?

EJEMPLO DE PREGUNTAS DEL ENTREVISTADOR:

—¿Juega al fútbol o va al campo de fútbol a ver partidos?

—¿Ha vivido alguna situación parecida?

— ¿Cree que hay demasiada violencia en el fútbol? ¿Por qué?

—¿Cree que hay alguna manera de erradicar la violencia en el fútbol? ¿Por qué?

La duración total de esta tarea es de 5 a 6 minutos.

Tarea 3

Instrucciones

Usted debe conversar con el entrevistador sobre los datos de una encuesta, expresando su opinión al respecto. Deberá elegir una de las dos opciones propuestas.

Este es un cuestionario realizado por una empresa española para conocer los hábitos en relación a los viajes de los españoles. Seleccione las respuestas según su criterio personal:

—¿Dónde suele ir de vacaciones? ¿Prefiere viajar dentro de su país o desplazarse al extranjero?

—¿En qué época del año prefiere viajar?

—¿Cuál suele ser el motivo de sus viajes?

—¿Cuánto tiempo suelen durar tus viajes?

Fíjese ahora en los resultados de la encuesta entre los españoles:

El 90,2% de los viajes tienen como destino principal el territorio nacional. Por su parte, los viajes al extranjero representan el 9,8% del total.

El 35,8% de los viajes corresponden a vacaciones de verano. Estos viajes tienen una duración media de 13,2 pernoctaciones.

Ocio, recreo y vacaciones son el motivo principal del 60,2% de los viajes. Visitas a familiares o amigos representan el 31,3% del total. Por el contrario, los viajes de negocios y otros motivos profesionales y los realizados por otros motivos disminuyen un 12,0% y un 17,3%, respectivamente.

Fuente: http://www.ine.es/daco/daco42/etr/etr0317.pdf (adaptado)

XI. DESPUÉS DEL EXAMEN

Has terminado el examen. Bueno, por fin. Estoy segura de que te ha salido fenomenal. Se acabaron los nervios y ahora tener unos días de vacaciones será una buena idea para relajarse. Lo importante es practicar español porque ¿para qué queremos saber una lengua? Pues, para conocer gente, otras culturas, pasarlo bien. Con este nivel, seguro que puedes irte de viaje a un país hispanohablante.

Si no te ha salido muy bien, puedes tomarlo como una prueba. La próxima vez que te presentes, te irá mejor.

¿Cómo se califica esta prueba?

Es importante saber que la prueba de "expresión e interacción orales" **se califica junto a la de comprensión auditiva.** ¿Por qué es importante saberlo? Porque si no somos buenos en la prueba oral, podemos compensar con la prueba de compresión auditiva y viceversa.

Existen dos calificaciones posibles: «**Apto**» y «**No apto**». Si en alguno de los grupos obtienes menos de 30 puntos, toda la prueba se califica de NO APTO.

Otra cosa interesante es saber que la puntuación máxima de cada una de las pruebas es de 25 puntos, así que como máximo puedes obtener 50 puntos en este grupo (el grupo 2).

Grupo 2:

• **Comprensión auditiva** (25 puntos).

• **Expresión e interacción orales** (25 puntos).

¿Cuál es la calificación mínima? Se califica conjuntamente a todo el grupo 2, la puntuación mínima para aprobar es 30 puntos. Así que tus notas tienen que ser entre 30 y 50 para ser considerado APTO.

Ejemplos

Si tus notas son:

Grupo 2

* **Comprensión auditiva:** 13 puntos.

* **Expresión e interacción orales:** 17,21 puntos.

El resultado es 30,21 que es más de 30, la calificación es de APTO.

Si tus notas son:

Grupo 2

* **Comprensión auditiva:** 13 puntos.

* **Expresión e interacción orales:** 10,21 puntos.

El resultado es 23,21 que es menos de 30, la calificación es de **NO APTO**. Independientemente de lo que hayas obtenido en el grupo 1.

La calificación del otro grupo es igual, si obtienes menos de 30 puntos conjuntamente, el resultado es de NO APTO.

Comunicación de los resultados del examen

El Instituto Cervantes informa de los resultados de los exámenes **3 meses después**. Ellos os enviarán un email donde informará de la publicación de las calificaciones. Tienes que entrar en el portal de diplomas http://diplomas.cervantes.es/informacion/consulta_notas.html , necesitas el código de inscripción que te dan cuando te inscribes, tu fecha de nacimiento y aceptar las condiciones. Este documento solo tiene **carácter informativo**.

Las personas que obtengan la calificación de APTO recibirán el **diploma** que será enviado desde su centro de examen a la dirección que comunicaste el día del examen escrito. Si cambias de casa, tienes que informar al centro de examen con la antelación suficiente para que te envíen todos los documentos a tu nueva dirección.

Revisión de calificaciones

Si no estás de acuerdo con la calificación, puedes solicitar la revisión en el plazo que indica ese mismo email. Solo se puede presentar una única solicitud de revisión a través del formulario que se ofrece en el espacio privado de este portal de exámenes del Instituto Cervantes.

En ese momento empezará un proceso de análisis, y antes de tres meses el Instituto Cervantes comunicará su resolución. Es posible que después de la revisión la calificación sea más baja que antes.

Para consultar las calificaciones:

http://dele.cervantes.es/informacion/consulta_notas.html

Carmen Madrid

XII. CONSEJOS FINALES

Sé puntual.

Lleva pensada la dirección a la que quieres que te envíen el diploma ya que tendrás que escribirla antes del examen.

No olvides un documento oficial de identificación con fotografía.

Lee bien el título, el tema, las propuestas, etc.

Sigue el esquema básico:

Frase de inicio
Contenidos organizados (introducción de temas)
Frase de conclusión

Recuerda que los examinadores no saben que siempre empiezas o terminas con las mismas frases los monólogos o la descripción de la fotografía, así que **no intentes innovar**. Di la frase que has preparado un montón de veces.

Es un examen de lengua, no de conocimientos. Si no tienes conocimientos de algún tema, habla de algo parecido.

Los examinadores quieren saber tu nivel de español y que apruebes. Si es necesario te harán preguntas para ayudarte.

Si tienes tiempo antes del examen, repasa tus notas.

Durante el examen no mires tus notas, solo en caso de emergencia o si vas a hacer una pausa muy larga.

En las tareas 1 y 2, si el examinador empieza con las preguntas antes de que termines el monólogo con tu frase de conclusión, no te preocupes, no significa nada (ni bueno, ni malo).

Carmen Madrid

NOTA DE LA AUTORA

Espero que mis conocimientos, consejos y experiencias como profesora de español, preparadora del DELE y examinadora de esta prueba oral, te sirvan para que realices esta prueba oral con éxito, obtengas la calificación de APTO en el DELE B2 y consigas tu diploma.

Si es así me sentiré contenta y satisfecha como profesora y preparadora por tu triunfo.

Gracias por usar este libro y confiar en mí tu preparación de la prueba oral para el DELE B2.

Próximamente publicaré los manuales para prepararse la prueba de expresión e interacción escritas, y posteriormente la de comprensión de lectura y auditiva.

También voy a crear mi web site (carmenmadrid.net). Por si quieres echar un vistazo. Además, colgaré algunos exámenes orales para que puedas practicar más.

Si te interesan estos libros y quieres informarte más sobre ellos o si deseas hacer algún comentario o pedir alguna aclaración, envíame un e-mail a:

metododele@gmail.com

Por otro lado, si este manual te ha resultado interesante y útil, te agradecería que escribieras tu opinión en Amazon y redes sociales. Si dejas un comentario, me ayudarás mucho a continuar escribiendo manuales para las otras pruebas y para otros niveles. Tu apoyo es muy importante para mí. Gracias por tu ayuda.

Puedes poner un comentario en la página de este libro en Amazon en "Customer Reviews", "Write a Customer Review" en amazon.com o en "opiniones de clientes", "escribir mi opinión" en amazon.es.

Muchas gracias.

Método DELE B2: Prueba Oral

PREGUNTAS DE CONTROL

Preguntas de control del monólogo (tarea 1)

1. ¿Has hablado de más **de 4 propuestas**? Si has hablado sobre menos de 4 propuestas, puede ser un problema de memoria o de tiempo. Es una cuestión de práctica, no te preocupes.

2. ¿Cuántos minutos ha durado el monólogo? La primera vez, no importa cuánto **tiempo** has necesitado, pero sí tenemos que saber si no llegamos al tiempo o nos pasamos mucho, para saber qué hacer.

Si no llegas, puedes hablar de más propuestas o que tu valoración de cada una de ellas sea más extensa. Si te pasas del tiempo, puedes unir varias propuestas, hablar solo de 4 propuestas o ser más breve en tu valoración.

A menudo, las primeras veces, nos pasamos del tiempo a causa de las pausas.

3. ¿Has hecho muchas **pausas** cortas, algunas pausas largas? Por ahora, no te preocupes, es una cuestión de práctica. Pero tienes que ser consciente de que tienes que intentar evitarlas. En este nivel, tienes que hacer pausas similares a las que puede hacer un hablante nativo para reorganizar su discurso o para recordar una palabra que se le resiste, pero **no puedes hacer pausas demasiado largas**.

Para ser consciente, un **truco** es grabar el mismo monólogo **en tu idioma y en español**, ¿haces más o menos las mismas pausas cortas? Pausas largas no deberías hacer ninguna en este nivel.

4. ¿Has utilizado conectores aditivos, contraargumentativos, etc.? ¿Has tenido problemas para **estructurar** el monólogo? Si es así, repasa los **conectores** para empezar y terminar discursos, además de los que se usan para introducir nuevos temas (paso 4).

5. ¿Has usado expresiones que necesitan **subjuntivo**, por ejemplo "es importante que", etc.? ¿Has usado **estructuras gramaticales de nivel B2**? Si no es así, repasa la gramática, especialmente la valoración con subjuntivo y haz ejercicios de este tipo.

6. ¿Cuántas veces has mirado el **papel**? Aunque al principio es normal que lo hagas, nuestro objetivo es **no mirar** en ningún momento el papel. Cada vez que practiques un nuevo monólogo, tienes que conseguir mirar una vez menos el papel.

Preguntas de control del monólogo de la foto (tarea 2)

1. ¿Cuántos minutos ha durado el monólogo? Como en la primera tarea, la primera vez que hacemos el monólogo, no importa cuánto **tiempo** has necesitado.

2. ¿Has hecho muchas pausas cortas, algunas **pausas largas**? ¿Haces más o menos las mismas pausas cortas que en tu idioma? Pausas largas no deberías hacer ninguna en este nivel.

3. ¿Has usado expresiones que necesitan subjuntivo, por ejemplo "puede ser que", "podría ser que", "quizá", etc.? ¿Has usado **vocabulario** y **estructuras de nivel B2**?

4. ¿Has tenido problemas para **estructurar** el monólogo de la fotografía?

5. ¿Cuántas veces has mirado tus notas? Nuestro objetivo es **no mirar en ningún momento el papel**, es mejor que mires la fotografía.

Preguntas de control final

1. ¿Tu **acento** puede hacer que no te comprendan?

2. ¿La conversación en las tres tareas ha transcurrido de manera adecuada, fluida, colaborando con tu interlocutor? ¿Has reaccionado de manera adecuada?

3. ¿La impresión general es de una persona que no tiene problemas para comunicarse?

4. En cuanto a la **corrección gramatical**, ¿cometes muchos errores? ¿de qué nivel son los errores?

5. ¿Has seleccionado el **vocabulario adecuado**?

6. ¿Has cumplido con el **objetivo** de cada tarea?

OTROS LIBROS

Mystery in the theater is easy and fun to read for Spanish **beginners**. It is an interesting and entertaining story with realistic dialogues and set in everyday situations.

There are two different versions of the book. You can buy ***Mystery in the theater*** in the **Spanish – English Edition** (this is a short story with translation following each chapter) or the **Spanish Edition**. If you are a teacher, you might prefer that your students read the Spanish Edition.

This story has **18 chapters** and approximately **10700 Spanish words**. There are also **vocabulary** lists at the end of each chapter. Finally, you'll be provided with a set of **85 exercises** in Spanish, with the **answer key** to confirm what you have learned.

Present tense, simple sentences and simple story lines. It is accessible for a beginner Spanish reader but also provides some challenges.

This is **a detective story that takes place in Madrid**. Pepa, a young journalist, starts working at an agency. At that moment she does not imagine that very soon she will meet a famous actress and will help the police to solve a case.

You can find on Amazon: https://www.amazon.com/s?k=misterio+en+el+teatro+Carmen+madrid&i=digital-text&ref=nb_sb_noss or : https://carmenmadrid.net/tutorialELE/beginners/

Acentos del español es un libro para estudiantes brasileños de nivel B2.

LISTA DE IMÁGENES

Foto 1: Estructura del examen DELE B2. Diferentes pruebas y la puntuación máxima y mínima que puedes obtener en cada una de ellas.

Foto 2: Disposición en el aula de los examinadores y el candidato.

Foto 3: Parte de una hoja de calificaciones de la prueba oral.

Foto 4: Ejemplo de cómo elegir las palabras claves en la lámina de la tarea 1.

Foto 5: Hoja dividida para tomar notas (palabras clave, ventajas, desventajas, etc.) en la tarea 1.

Foto 6: Ejemplo de hoja cumplimentada con las palabras clave, ventajas, verbos, etc., basada en la tarea 1 de la prueba oral del examen modelo DELE B2 del Instituto Cervantes.

Foto 7: Esquema con las expresiones básicas para preparar el monólogo de la tarea 1.

Foto 8: Esquema con las expresiones básicas para preparar la conversación de la tarea 1 y de la tarea 2. También puedes usarlo para la tarea 3.

Foto 9: Esquema con las expresiones básicas para preparar la descripción de la situación en la fotografía de la tarea 2.

Foto 10: Ejemplo de las notas que puedes tomar basada en la tarea 2 de la prueba oral del examen modelo DELE B2 del Instituto Cervantes.

Foto 11: Esquema con la estructura y expresiones básicas para preparar la encuesta de la tarea 3 del DELE B2.

BIBLIOGRAFÍA Y REFERENCIAS

Las infografías están realizadas con Picktochart https://piktochart.com/

Foto 2 creada con Pixton www.pixton.com

Portada con Canva www.canva.com

Página oficial del Instituto Cervantes y enlaces a esta página.

Made in United States
North Haven, CT
21 April 2022